THE THEORY AND METHOD OF
ENTERPRISE SOCIAL NETWORK STRATEGY

企业的社会网络战略
理论与方法

刘存福 著

北京理工大学出版社
BEIJING INSTITUTE OF TECHNOLOGY PRESS

版权专有　侵权必究

图书在版编目（CIP）数据

企业的社会网络战略理论与方法/刘存福著. —北京：北京理工大学出版社，2019.4

ISBN 978-7-5640-9735-6

Ⅰ.①企… Ⅱ.①刘… Ⅲ.①企业管理-关系-社会网络-企业战略-研究 Ⅳ.①F272.1

中国版本图书馆 CIP 数据核字（2019）第 061622 号

出版发行 / 北京理工大学出版社有限责任公司
社　　址 / 北京市海淀区中关村南大街 5 号
邮　　编 / 100081
电　　话 / （010）68914775（总编室）
　　　　　 （010）82562903（教材售后服务热线）
　　　　　 （010）68948351（其他图书服务热线）
网　　址 / http：//www.bitpress.com.cn
经　　销 / 全国各地新华书店
印　　刷 / 保定市中画美凯印刷有限公司
开　　本 / 710 毫米×1000 毫米　1/16
印　　张 / 11.75　　　　　　　　　　　责任编辑 / 李慧智
字　　数 / 162 千字　　　　　　　　　　文案编辑 / 李慧智
版　　次 / 2019 年 4 月第 1 版　2019 年 4 月第 1 次印刷　责任校对 / 周瑞红
定　　价 / 58.00 元　　　　　　　　　　责任印制 / 李志强

图书出现印装质量问题，请拨打售后服务热线，本社负责调换

序

党的十九大报告做出了"中国特色社会主义进入新时代"的重大判断,并对我国从全面建成小康社会到基本实现现代化,再到全面建成社会主义现代化强国进行了系统分析,做出了一系列战略部署。十九大报告指出,我国经济已由高速增长阶段转向高质量发展阶段,正处在转变发展方式、优化经济结构、转换增长动力的攻关期,贯彻新发展理念,着力构建市场机制有效、微观主体有活力、宏观调控有度的经济体制,不断增强我国经济创新力和竞争力已经成为跨越关口的迫切要求。新时代、新形势、新征程对我国企业加强战略管理,提升创新能力,推进现代化经济体系建设及国家战略实施提出了更高的期望。

互联网时代的到来,对传统的经济体系、社会组织与生活方式都带来了巨大和深远的影响,使得企业发展面临的环境发生了根本性变化:一方面,组织边界越来越模糊,纵向边界、横向边界、外部边界甚至地理边界的各个要素正在迅速渗透,核心组织也正在大规模地向着商业生态系统演进。另一方面,面临激烈竞争、科技日新月异的环境,组织内部各要素之间及其与外部环境之间互动关系得以迅速增多,且日益非线性复杂化,这不断地挑战既有的企业战略管理理论与实践。

战略是企业对资源的承诺。在信息化高速发展的今天,企业可以利用的资源绝不仅仅限于自身拥有的内部资源,通过网络管理控制和使用外部资源实现战略目标已成为新的趋势。因此,企业组织网络化已经成为当今社会的重要经济现象,借助互联网构建和运营公司的社会网络成为公司追逐经营效率和竞争优势的重要能力。传统的战略理论通常把企业看成是自治的经济实体，从企业所在的产业环境或者企业的内部资源来探讨企业的竞争优势，忽略了社会网络的作用，在理论和实践上都具有发展的必要。因此，本书把社会网络分析理论和思想引入企业战略管理具备较强的理论和现实意义。

本书依据企业外部环境和内部结构，把企业的社会网络分为外部网络和内部网络，详细阐述了各自的构成及运行机制；借鉴财务杠杆和战略杠杆的思想，将外部网络的杠杆效应命名为网络杠杆，并采用理论分析和案例研究等方法深刻揭示了网络杠杆的作用机理，初步形成了网络杠杆理论。依据网络杠杆理论，本书进一步阐述了企业谋求网络有利位置的社会网络战略思维，公司战略、竞合战略和职能层战略三层次社会网络战略体系，网络开拓者、网络转化者、网络追赶者和网络学习者四类典型的社会网络企业，政府指向型、市场指向型和自发型等三种现实中典型网络中企业的战略等内容。从整体来看，本书的主要意义在于把产业组织分析模式和资源理论分析模式有机地结合起来，提出了一套较为系统的企业的社会网络战略理论和方法，对传统战略管理理论提供了有益的补充。从实践上看，基于社会网络的企业战略理论顺应了当前企业内外网络化趋势的要求，更加接近现实经济生活，能更有针对性地指导企业的具体实践。

本书观点鲜明、条理清楚、论述严谨，具有较强的理论性、前瞻性和创新性。尽管本书是作者于10年前在我指导下所做博士论文的基础上完成的，但由于当时思考的立意长远，加之针对近年来环境变化进行了一定的修改和补充，对于当前企业战略管理理论研究和实践仍不失较强的指导意义和参考价值。

目 录

第 1 章 绪 论 …………………………………………… 001
  1.1 网络时代给企业带来的挑战 ………………………… 001
  1.2 社会网络战略：企业战略管理的新视角 …………… 005
  1.3 企业战略理论研究及发展趋势 ……………………… 008
  1.4 本书结构 ……………………………………………… 014

第 2 章 企业组织形式的演变和企业战略 …………… 018
  2.1 网络社会的兴起 ……………………………………… 018
  2.2 企业理论研究新进展 ………………………………… 019
  2.3 企业组织形式的进化 ………………………………… 022
  2.4 企业组织网络化对传统市场结构和企业绩效的
      影响 …………………………………………………… 026
  2.5 企业战略研究的新要求 ……………………………… 028
  2.6 本章小结 ……………………………………………… 034

第 3 章 社会网络分析的基本理论 …………………… 035
  3.1 社会网络概念综述和企业社会网络界定 …………… 035
  3.2 社会资本概念综述和企业社会资本界定 …………… 037
  3.3 企业社会网络的基本要素分析 ……………………… 040
  3.4 企业社会网络的特性分析 …………………………… 046
  3.5 企业社会网络分析的 SRN 模型 …………………… 046
  3.6 本章小结 ……………………………………………… 048

第 4 章 企业外部社会网络分析 ……………………… 050
  4.1 波特五力模型及其拓展形式分析 …………………… 050
  4.2 企业的外部社会网络简述 …………………………… 055
  4.3 企业外部社会网络的运行机制 ……………………… 062
  4.4 企业外部网络运行、创新与企业绩效的关系分析 …… 067

4.5　企业外部社会网络结构对网络运行的影响分析 …………… 071
　　4.6　企业外部社会网络关系对网络运行的影响分析 …………… 075
　　4.7　企业外部社会网络的进化简析 …………………………… 081
　　4.8　企业外部社会网络关系维持机制分析 …………………… 082
　　4.9　本章小结 ……………………………………………………… 083

第5章　企业内部社会网络分析 ……………………………………… 084
　　5.1　资源理论的核心思想及借鉴 ……………………………… 084
　　5.2　企业内部网络流分析 ………………………………………… 085
　　5.3　企业内部网络的运行机制分析 ……………………………… 086
　　5.4　组织结构对网络运行的影响分析 …………………………… 089
　　5.5　企业内部关系对网络运行的影响分析 ……………………… 091
　　5.6　本章小结 ……………………………………………………… 093

第6章　网络杠杆理论与企业持续竞争优势 ………………………… 094
　　6.1　影响企业竞争优势的因素分析 ……………………………… 094
　　6.2　企业社会网络流的特性分析 ………………………………… 098
　　6.3　企业的网络杠杆概念的提出 ………………………………… 100
　　6.4　网络杠杆的作用机制分析 …………………………………… 105
　　6.5　网络杠杆的操作步骤 ………………………………………… 113
　　6.6　案例分析——万达集团 ……………………………………… 114
　　6.6　本章小结 ……………………………………………………… 118

第7章　企业社会网络战略选择的内外网络优劣势分析模型 …… 119
　　7.1　企业的社会网络战略观 ……………………………………… 119
　　7.2　基于社会网络态势的企业分类 ……………………………… 126
　　7.3　企业的社会网络战略总体内容 ……………………………… 128
　　7.4　四类企业的战略体系分析 …………………………………… 136
　　7.5　企业社会网络的进化博弈分析 ……………………………… 151
　　7.6　战略实施与对策分析 ………………………………………… 154

7.7 本章小结 ………………………………………………… 155
第8章 不同类型外部网络企业的战略 ……………………… 156
  8.1 企业外部社会网络的结构类型和特征 ………………… 156
  8.2 基于社会网络整体结构的企业战略模式分析 ………… 157
  8.3 三种典型网络中企业的战略 …………………………… 159
  8.4 本章小结 ………………………………………………… 164
参考文献 ……………………………………………………… 165

第1章 绪 论

1.1 网络时代给企业带来的挑战

人类社会经过几千年的农业社会和几百年的工业社会,正逐步进入一种新的经济形态,有人称之为"新经济",有人称之为"知识经济",还有人称之为"数字经济""信息经济""网络经济"。我国著名学者成思危教授从3个方面对这种新的经济形态进行了概括:知识经济是新的社会经济形态;虚拟经济是新的经济活动模式;网络经济是新的经济运行方式。新经济时代的到来迅速引发起一场新的社会、经济革命,必将改变世界经济的运作方式。具体表现如下:

(1) 新经济的发展加快了经济全球化进程,改变了人类的生产、流通、分配、消费方式,出现了虚拟企业、网络市场、电子商务等新的经济现象。

(2) 新经济使产业结构向高级化、劳动结构向知识密集化方向转变。

(3) 商务活动集信息流、资金流、物流于一体,其中信息流起主导作用。

(4) 经济网络化、全球化导致经济发展的高度开放,从而要求主权国家增强政策的调控能力，善于在不可避免的外部冲击下实现自己的社会经济目标。

（5）竞争与合作并重、注重速度、讲求创新。传统工业社会的竞争是一种盲目的对抗性竞争。进入新经济时代，协同竞争将发挥越来越重要的作用，全球企业或企业集团之间的购并浪潮愈演愈烈的事实就是一个很好的佐证。

随着"互联网+"时代的到来，公众对于互联网的态度已经发生了根本性的转变：互联网已不仅是人类历史上出现的一项技术与工具，而且成为颠覆企业乃至行业的一种手段。以乔布斯、马云、雷军等为代表的、具有鲜明时代特征与个人影响力的企业领袖逐渐从商界走进公众视线，成为各自领域的焦点和学习的对象。在一定程度上，"互联网+"已经被公认成为助推传统企业转型升级的一大利器。李海舰认为，互联网时代影响了商业企业、工业企业和金融企业，传统商业企业采用互联网思维实行轻资产模式经营，实行网络交易，销售成本低，产品价格低，发展势头不可阻挡。传统工业企业采用互联网思维，将其核心业务全部放在产品研发和用户沟通上，没有工厂，其部件生产和组装选择全世界范围内质量最好、成本最低的工厂合作，因而产品质高、价低；没有实体店铺，采用互联网的电商直销模式，没有渠道成本，运营效率极高。李海舰还认为，互联网改变的是人与人、人与组织、组织与组织之间的关系，用互联网思维重新架构企业的运营模式，打造"智慧型组织"，实行网络化生态、全球化整合、平台化运作、员工化用户、无边界发展和自组织管理。朱志军认为，"互联网+"带来了产业融合、产品创新和模式升级，但更重要的是企业需要正视这场变革将会对运营管理带来的影响和挑战。未来的企业组织将是一种无边界组织，一种开放的生态圈，强调开放合作、利益共享。对内组织的架构将从串联到并联，在内部呈网状结构，由无数个微型组织、自主经营体所编织而成的一个网，最终实现对外的

"以客户为中心的价值交互网"和对内的"以人为中心的价值创造网"。开放运营将成为新时代下企业组织创新的核心，灵活性、适应性、整体性将成为组织成败的关键。

互联网掀起一场根本性的变革，源于它改变了价值创造的基本规则。互联网创造性地打破了中心化、等级化等"旧规矩"，为组织生存发展提供了新的发展理念。在平等、开放、协作、共享的互联网时代规则之下，组织需要新的方法适应环境、实现目标。互联网理念主要体现在如下几方面：

（1）生态网络化。即组织内外部的产权关系与契约关系融合，原有生态链逐渐被新的价值网络体系所取代，如模块化供应、系统化集成等。

（2）整合全球化。即组织需要创新性地整合全球范围内的思想资源、资金资源和业务资源，以实现思想全球众智、资金全球众筹、业务全球众包。

（3）发展无界化。即利用互联网思维、互联网技术，组织逐渐破界、跨界最终实现无边界发展，如泛产品化、时空无线化、管理扁平化等。

（4）运作平台化。组织把企业、项目、产品、员工甚至客户视为快速配置资源的平台，利用平台实现敏捷运作。

（5）管理自组织化。即组织追求员工、部门自我导向、自我激励、自我约束、自我发展等。

由此可见，伴随着全球经济一体化，网络经济的深化和发展，企业的外部经营环境发生了若干重大变化。主要表现在：第一，顾客的需求越来越个性化和多样化，不仅需求产品有较高的性价比和一流的、完善的服务，而且对产品和服务越来越反映出个性化的要求，对单一企业产品或服务的依赖性和忠诚度在不断降低，同时，顾客对提供产品和服务的时间要求越来越高。第二，在传统经济理论中，最初把竞争作为经济人之间发生联系的重要方式，并认为竞争是充分的。而新经济时代，合作竞争和创新竞争将成为主流。所谓合作竞争是指单个企业在面对日益变化的外部环境和激烈的市场竞争时，通过与供应商、顾客以及竞争对手合作，以实现合作双方的"双赢"，获取更大的市场份额。而创新竞争则是指单个企业竞争方式的改变，通过加速各种创新活动，尤其是技术创新，提高产品的差异化，更好地满足消费者的个性化需求。前者是共同把"蛋糕"做大，后者是竞争方式的变化，它们与强调充分竞争的原理有很大不同。第三，客户需求和市场的快速变化直接影响并导致企业之间竞争方式的变化，产品生命周期越来越短。在继续强调成本要素和质量要素的前提下，反应速度正日益成为企业竞争的第一要素。

面对外部环境的重大变化，单靠传统的独立经营策略很难满足其不断发展的需求，因此，通过网络开发和管理实现外部资源整合以提高企业经营效率成为企业经营的新趋势。在新的理念下，涌现出虚拟组织、动态联盟、业务外包、敏捷制造、供应链管理、生态圈组织等多种经营方式，其共同特征都是在构建企业内部核心能力基础上的外部网络化经营。企业之间由紧密结合型向松散结合型转变，由信息不对称走向信息共享和信息分配，由资源内部优化配置趋向广泛的资源外用，由静态合作走向动态合作，传统企业的刚性边界逐渐淡化。

总之，新经济促使企业变革战略思想、管理理念、运行方式、组织结构，以提升其竞争力。网络在给企业之间的竞争增大规则空间的同时，也在改变着企业。如企业内部网正在改变着企业内部人、财、物之间传统的沟通方式，而企业外部网正在改变着企业与其上游企业、下游企业乃至一般顾客的沟通方式，互联网则为企业间的竞争提供了一个全球性的舞台。企业的网络化加快了企业国际化的进程，企业之间竞争的深度和广度得到了极大加强。D. Aveni（1994）认为现在的市场竞争是一种超竞争（Hyper – Competition），由于信息技术的发展和经济全球一体化的趋势，企业竞争优势的来源正以逐渐加快的速度被创造出来和侵蚀掉，维护持续竞争优势的难度加大。这些都将促使企业组织结构和运行方式的一系列变化，社会网络正成为影响企业战略的重要因素。

经过40年的改革开放，我国社会主义市场经济框架已经建立并逐步完善。国有企业的股份制改革取得了阶段性胜利，管理模式获得了创新，一批有竞争力的大型跨国公司活跃在国际舞台；民营企业的管理水平大幅上升，市场搏击能力逐步加强；随着政府体制改革的进一步深入，我国市场环境正在朝公平竞争的市场经济要求稳步推进。在经济全球化和信息化的大潮冲击下，我国企业也在广泛应用业务外包、战略联盟等网络形式进行生产、经营和参与国内外市场竞争，并取得显著成绩。但是，中国正处于由计划经济向市场经济、由传统社会向现代社会的转型期，市场机制还不太完善，制度对组织或个体的约束还不严格；国有大型企业的改革还处于攻坚阶段，比较重视内部公司治理，外部联盟运作尚不熟练；民营企业，特别是中小民营企业实力单薄，突出地面临着融资、原材料供应与产品销售渠道建立、新技术与新产品的开发、市场信息搜集、经营管理新知识的交流、高素质员工以及管理人员招聘等一系列对企业发展至关重要的资源获取问题，通过社会网络摄取资源尚处于初级阶段。特别是随着市场环境的变化，尽管中国企业开始重视战略管理，但战略管理整体水平仍然比较低下，对战略管理的价值认识不够、战略决策的随意性大、盲目追求市场热点。在新经济形势下，如何利用网络管理促进自身竞争力提高已是一个重要的课题。可以说，目前的形势给企业战略管理理论的研究与发展提出了新的需求。

1.2 社会网络战略：企业战略管理的新视角

20世纪70年代，网络分析学派兴起，这个学派不仅能真实地体现社会学的基本假定，而且还发展了一系列的分析工具与技巧，企业管理研究中的网络分析学派正在形成与发展之中。目前，网络分析在西方社会学界已经很有势力，从事网络分析的一批社会学家，已经十分积极地对一系列重要的经济现象展开了研究，越来越多的网络分析专家开始进入商学院，运用网络分析工具从事企业管理的研究，其影响也日益广泛，出现了一批将网络分析应用于企业管理的著作，如伯特（R. Burt）的《走向结构行动理论》《结构洞》，贝克（Wayne Baker）的《巧妙地建立社会网络》《社会资本制胜》等。

实现人与人、组织与组织之间的合作是管理最重要的任务，运用社会学方法进行管理，其中心内容就是要建立跨"域"的联系，在不同域之间协调其策略。由于有了跨域协调的可能性，参与人的决策空间随之扩大，以前因缺乏这种关联而不可能产生的新制度现在则有可能出现。社会网络概念抓住了社会系统结构的一个关键——社会要素、单元之间的关系，而对关系的研究涉及经济学、管理学、社会学和系统科学的许多领域，从而为研究者和实践者提供了极为有利的思考视角。

企业战略研究中一个关键的问题是为什么不同的企业在行为与获利能力上存在差异，是什么使一个组织比另一个组织成功。研究者通常把企业看作一个自治的组织，从外部的产业资源（Porter, 1990）或是内生的企业资源和能力（Barney, 1991）上进行分析研究，他们关注的资本一直是可量化分析的物质资本和人力资本，对于难以量化分析但对企业发展有重大影响的非经济因素，则采用了"其他情况不变"的假设将其排除在外。持开放系统观点的组织理论学者和结构社会学家们很早就坚持认为，组织环境中最重要的就是它的外部联系所构成的社会网络。他们强调，经济行为和其他社会行为一样，不是孤立存在的，而是深深地嵌于社会网络之中。社会成员按照社会网络中的联系点有差别地占有稀缺资源和结构性地分配这些资源，因此，应该按照行为的结构性限制而不是行动者的内在驱力来解释行为,要关注分析企业对社会网络资源的获取能力,而不能仅仅强调它们对某些特定资源的占有程度。实际上,所有的公司都镶嵌于它们合作增值、共享市场的一个或多个网络中,没有公司足够大到可以自我独立发展。

传统的企业战略如计划学派、设计学派和定位学派以行业、市场或内部资源为分析基础,把经济、政治、自然、其他企业等因素看作是外部影响因素。在它们的分析框架内,内部因素与外部环境是截然分离的,没有对企业与环境各方之间的相互影响予以足够的重视。企业网络是企业与关系对象的联系与互动的状态,是企业与外部环境重要组成部分的消费者、供应商、分销商、政府等的联系,在制定战略时考虑与其他关系方战略的相互适应,并评价自身战略可能对关系所造成的影响,将网络联系与企业战略紧密结合起来,企业战略与环境因素的整合程度较高。

从内部看,企业本身也是一种社会网络,因此,社会网络贯通了企业的微观和宏观两个层面,通过对相关社会网络的研究,可以更清晰透彻地分析出问题的要害,提高决策的正确性。

2016年召开的全国科技创新大会指出,我国科技事业发展的目标是,到2020年时使我国进入创新型国家行列,到2030年时使我国进入创新型国家前列,到新中国成立100年时使我国成为世界科技强国,从而吹响了建设世界科技强国的号角。习总书记在讲话中指出,企业是科技和经济紧密结合的重要力量,应该成为技术创新决策、研发投入、科研组织、成果转化的主体。要制定和落实鼓励企业技术创新的各项政策,强化企业创新倒逼机制,加强对中小企业技术创新的支持力度,推动流通环节改革和反垄断、反不正当竞争,引导企业加快发展研发力量。要加快完善科技成果使用、处置、收益管理制度,发挥市场在资源配置中的决定性作用,让机构、人才、装置、资金、项目都充分活跃起来，形成推动科技创新的强大合力。要调整现有行业和地方的科研机构，充实企业研发力量，支持依托企业建设国家技术创新中心，培育有国际影响力的行业领军企业。我国多数企业创新机制不畅、创新能力薄弱、创新活动不多，这需要通过加强部门、行业之间的联合与协作，动员企业以内外网络资源为核心的战略管理来提升企业的自主创新能力，推动企业建立和完善有利于创新的体制和机制，增强技术创新的内在动力和能力，引导企业走创新型发展的道路，为建设世界科技强国提供有力支撑。

战略是企业对资源的承诺，在信息化高速发展的今天，企业可以利用的资源绝不仅仅限于自身拥有的内部资源，通过网络管理控制和使用外部资源实现战略目标已成为新的趋势，把社会网络的分析理论和思想引入企业战略管理已经具备较强的理论和现实意义。

1.3 企业战略理论研究及发展趋势

1.3.1 企业战略管理的一般理论

"战略"一词的希腊语是 strategos，意思是"将军指挥军队的艺术"，原是一个军事术语。一些军事著作如我国孙武的《孙子兵法》，克劳塞维茨的《战争论》等都对军事战略理论及方法的演进产生了深刻的影响。20世纪60年代战略思想开始用于商业领域，至80年代已发展为10多个学派。关于企业战略比较全面的看法一般认为是明茨伯格（Mintzberg）的5P模型：如果从企业未来发展的角度来看，战略表现为一种计划（Plan），而从企业发展历程的角度来看，战略则表现为一种模式（Pattern）。如果从产业层次来看，战略表现为一种定位（Position），而从企业层次来看，战略则表现为一种观念（Perspective）。此外，战略也表现为企业在竞争中采用的一种计谋（Ploy）。战略管理则是指对企业战略的管理，一般分为战略分析、战略选择和战略实施 3 个部分。按照层次，一般把战略分为公司战略、竞争战略和职能战略。战略内容研究的是企业的战略选择及其业绩之间的关系，是解释性的。本文按照产生时代和对企业研究的入手点不同把战略理论的发展分为两个阶段：传统式战略理论和现代式战略理论。

1.3.1.1 传统式战略理论

传统的战略理论包括战略适应理论、产业结构理论和资源理论，它们的一致点是都把企业作为一个独立自治的原子式实体，用个体研究方法解释企业的行为和绩效。

（1）战略适应理论。所谓战略适应是指战略与组织和环境因素之间的相称、一致或匹配，创始人是安得鲁斯。安得鲁斯把战略看作公司能够做的（组织的优势和劣势）与可做的（环境机会与威胁）之间的匹配，从而建立起了著名的 SWOT 分析框架。该理论的实质是强调资源与战略、战略与环境条件之间的适应，认为价值的创造是内部能力与所追求的战略以及战略与竞争环境之间的适应的产物。因此，战略的选择必须基于仔细地评价可使用的资源和市场的机会与威胁，并使之匹配以达到适应。

（2）产业结构分析理论。此理论的最主要代表人物波特教授在《竞争战略》一书中提出，现有企业间的竞争程度、潜在入侵者、买方的讨价还价能力、供方的讨价还价能力以及替代品威胁，是决定产业盈利能力的 5 种竞争作用力，这 5 种作用力综合起来决定了某产业中的企业获取超出资本成本的平均投资收益率的能力。波特认为，竞争战略的选择由两个中心问题构成：一是由产业长期盈利能力及其影响因素所决定的产业的吸引力；二是决定产业内相对竞争地位的因素。这个行业定位竞争理论成为整个 20 世纪 80 年代战略理论的主流模式。

（3）资源理论。1959 年潘罗斯（Penrose）发表《企业成长理论》,第一次将企业成长归结为企业内部资源的运用,认为企业的增长是资源过剩和关于资源认识水平提高的产物,为资源战略理论做了开创性研究。20世纪80年代中后期,企业内部异质性资源研究获得了很大的发展,巴尔尼(Barney)等学者逐步完善了资源基础理论,并使其与核心能力理论成为90年代的战略理论主流模式。巴尔尼(1991)提出企业资源具有4个基本特点才能产生竞争优势,即有价值、稀缺性、不可完全模仿(独特的历史条件、原因不明、社会复杂性)和不可替代性。1990年普拉哈拉德(Prahalad)和哈默(Hamel)提出核心能力理论,并在企业发展和企业战略管理研究方面迅速占据了主导地位,成为企业经营和管理的重要理论之一。后来提斯(Teece)等人提出"企业动态能力论",全面论述了核心能力理论,认为企业的竞争优势来源于企业所拥有的核心能力。

1.3.1.2 现代式战略理论

现代式战略理论是伴随着新经济下企业组织外部网络化发展而产生的,主要是近些年出现的战略网络理论。现代式战略理论主要是认识到企业生存在一个个网络中,企业的行为和绩效受网络特征影响。战略网络理论是西方学者为研究不同社会群体间跨界关系时所采用的一种结构主义的分析方法。J. C. Jarillo(1988)首次提出战略网络的概念,把企业网络的思想引入战略研究之中,强调企业的关系网络在企业战略中的作用,指出:战略网络是在有独特性但又相互联系的求利组织之间的长期性的、有目的的组织安排,是管理者或企业家用以表明其竞争立场的组织模型,网络内企业在某种程度上是独立的,企业网络关系使处于网络中的组织通过学习、规模经济、范围经济等途径在信息、资源、市场、技术等方面获得或保持竞争优势。Gulati、Nohria和Zaheer(2000)提出所谓战略网络由企业与其他组织之间的一系列水平或垂直的相互关系组成,包括企业与供应商、分销商、消费者、竞争者以及其他实体之间的相互关系,分别从产业结构、某一特定产业内部企业的分布形态、企业的不可模仿的资源和能力、交易费用与协调成本、网络的动态性与路径依赖等5个方面，证明了战略网络对企业行为和绩效的影响，说明战略网络及其管理能力是网络资源和关系资源，是战略网络参与者在参与网络后所获得的独特资源，具有独特性、难以模仿性，是一种核心能力。企业的关系网络既是机遇也是限制。美国DEC公司前总裁简·霍普兰德（J. Hepland）和管理学家罗杰·耐杰尔（R. Nigel）提出的战略联盟，波特（Porter）提出的集群战略，詹姆斯·穆尔（J. Moor）运用生态思想阐述商业生态系统的企业战略，杰弗瑞·戴尔（Jeffrey Dyer）和哈比尔·辛格（Harbir Singh）提出的公司战略的关系观等都可以纳入战略网络理论的范畴。这些新的理论对于发展公司间网络战略和绩效的研究方法提供了一定的基础。

近些年，我国学者对战略网络进行了一些富有成效的初步研究。吴思华（1996）认为"网络"是指两个或两个以上的组织的联结，并分别从降低交易成本、分散风险、获取范围经济利益、有效取得关键资源、提高竞争地位等动因将战略网络划分为人际核心型、产品核心型、顾客核心型和地域核心型等。林健、李焕荣指出，战略网络是由具有战略意义的组织或个人组成的社会关系网络，它由消费者、市场中介、供应商、竞争对手、其他产业的企业、利益相关者、其他组织和企业本身等节点构成。张子刚、孙忠等指出，网络组织是介于传统（科层）组织与市场运作之间的一种组织形态，但并非一种简单的中间状态，它强调优势要素协作、创新和多赢目标。谢洪明和蓝海林（2004）主要研究了战略网络结构特性与企业动态竞争的关系。提出了基于战略网络多层次结构嵌入的动态竞争概念模型，并用于分析战略网络中企业进攻回应行为。他们认为，企业拥有的关系是企业独特的、不可模仿的资产，企业所在的特定网络以及在网络中的位置都是非常重要的资产。不同战略网络的结构特性，例如中心性、结构均衡性、网络密度等对企业的进攻回应行为有不同的影响。同时，企业间的战略网络特性和企业间动态竞争存在相互影响作用。赵炎等（2012）通过对战略联盟研究的社会网络视角的阐述，基于对该视角下的战略联盟研究所进行的分析总结，从研究中变量选取的角度提出了网络及其成员的"结构属性""资源属性"及"绩效"等概念，并基于这些概念构建了战略联盟研究的主要问题模型，进而揭示出网络视角下战略联盟研究的"新思维"，即"网络属性思维"。几种战略理论比较如表1-1所示。

表1-1 几种战略理论比较表

项目	传统式理论			现代式理论
	战略适应观	产业结构观	资源基础观	
分析单位	企业	产业	企业	企业网络
竞争优势的来源	内部能力与竞争环境之间的适应	产业盈利性，相对的讨价还价能力	价值性、稀缺性、难模仿和不可替代性资源	信任基础上的信息、资源、市场、技术流等
保持优势的机制	企业的适应能力	产业壁垒	难以模仿的企业资源	难以模仿的企业网络
局限性	环境对具体企业的影响模糊	对网络因素关注不够	仅靠内生资源成本高	不系统

1.3.2 战略研究的发展趋势

关于战略管理理论的发展，Hoskisson等（1999）曾提出过一个钟摆模型（如图1-1所示），认为早期的战略研究侧重于内部，然后转向外部（IO理论），又转向内外兼顾（组织经济学，包括交易成本理论和代理理论），又转向内部（资源理论）。根据最近几年的研究发展，本书认为战略研究又开始关注外部的网络，但这个外部和产业理论的外部的侧重点明显不同，产业理论研究的是外部竞争结构，是从竞争的角度去研究产业，而现在的外部研究侧重的是超越了产业的竞和网络，并从资源流动的角度探讨合作。

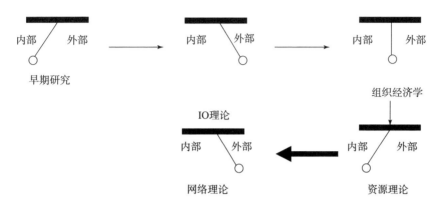

图1-1 战略理论发展"钟摆"图

纵观战略主要流派的发展，战略管理的研究体现出以下几个趋势：

第一，从研究对象来看，从对单一企业的研究向企业网络的研究转变。传统的经济学和管理学者往往把企业看成是以孤立的原子状态存在并开展交易和竞争的实体，忽略了企业间关系对企业竞争行为的影响。从现实状况来看，企业镶嵌于一个复杂的社会网络之中，企业与网络中政府、供应商、竞争对手、分销商、中介机构等实体的关系和企业在网络中的位置都影响着企业的行为。忽略了对这些网络因素的研究，将会使企业的研究结果出现偏差。战略网络理论的出现弥补了以往研究中的缺陷，把网络作为分析工具也日益成为战略管理研究中新的热点。

第二，从研究内容来看，从重视竞争优势向重视持续竞争优势转变，从注重有形资源向注重无形资源转变。由于外部环境的变化、竞争对手的模仿和企业自身发展因素的变化，企业的竞争优势不可能一直维持，即竞争优势一般是暂时的。因此，从20世纪末，学者开始重视对持续竞争优势的研究。持续竞争优势一方面来自如何形成模仿难度大的竞争优势,另一方面来自企业不断创造新的竞争优势的动态能力。从战略的观点讲,无形资源是企业最重要的资源,是竞争优势的基础,因为这些资源稀有、有价值,且难以被竞争者模仿和取代。企业的人力资源、形象或声誉等无形资源具有重要的价值,对无形资源的研究正日益受到学者们的重视。

第三,从理论基础上看,从单一理论研究向多种理论研究转变。随着技术的快速变化和经济全球化趋势,战略新问题层出不穷,战略研究者将面临频繁、不连续变化的影响。由于战略问题的性质不易用一个复合框架解释,因此,战略研究要用多种理论和方法进行研究(Hoskisson,1999)。产业经济学、心理学、社会学、政治学将对战略管理研究产生巨大影响。

本书的目的在于把产业组织分析模式和资源理论分析模式有机地结合起来,提出一套较为系统的企业的社会网络战略理论和方法。网络战略管理范式是从企业镶嵌于网络的角度出发提出的分析方法,它与传统的战略管理模式之间并非是取代的关系,而是对传统战略管理理论的发展和有益补充。从实践上看,基于社会网络的企业战略理论顺应了当前企业内外网络化趋势的要求,更加接近现实经济生活,更能有针对性地指导企业的具体实践。

1.4 本书结构

本书首先从社会网络理论的概念出发,通过对前人研究框架的分析整合,提出了企业社会网络分析的 SRN 模型,并运用此模型对企业内外网络进行分析,提炼出企业社会网络运行机制和影响企业社会网络输出的机制,在此基础上提出网络杠杆理论,然后通过网络杠杆设计了企业战略选择的矩阵模型,对企业进行分类并确定其战略以及实施措施。本书按照逻辑分为四部分,主要内容如下:

第一部分确定了研究背景,在综述战略管理理论之后提出当前战略理论研究和实践中存在的问题,提出了研究框架和基本方法。

第二部分主要是从社会网络相关概念分析出发,界定企业的社会网络和社会资本,提出企业社会网络分析的SRN模型;并以此为依据对企业的内外社会网络进行详细分析,探讨内外网络的运行机理以及网络结构和关系因素对网络运行的影响。

第三部分主要是分析网络杠杆理论的含义和机理。从内、外部网络流特性提出网络杠杆理论,探讨企业内外网络作用的杠杆机制和内外网络互动形成的持续竞争优势等。

第四部分是根据网络杠杆理论提出战略选择的ISW – OSW(内外网络优劣势)模型。包括企业的社会网络战略观、社会网络战略特征和选择的原则、社会网络战略体系的构建以及基于网络态势的企业分类和战略方案确定等。战略实施包括组织结构的设计、人才资源、组织文化、战略实施的步骤等。

本书结构安排逻辑如图1 – 2所示。

研究思路和方法:

(1)规范研究。通过对现有战略管理理论和企业成长理论、社会网络理论的梳理,从中寻求有机结合点,探寻一般规律,提炼理论观点。

(2)综合分析与逻辑归纳结合。企业战略问题涉及的知识面较宽,范围较广,社会网络理论更是如此,因此,在研究中,综合采用社会网络理论、战略管理理论、系统科学理论、组织行为理论、其他企业管理理论等领域的研究方法,既有一般的社科推理与逻辑归纳的方法,也有自然科学中所使用的形象思维方法和统计分析方法。

(3)比较研究方法。通过丰富的横向和纵向的比较研究,对社会学和管理学关于企业战略和成长理论的比较研究,揭示出企业通过网络获取持续竞争优势从而获得成长的一般规律与各项措施。

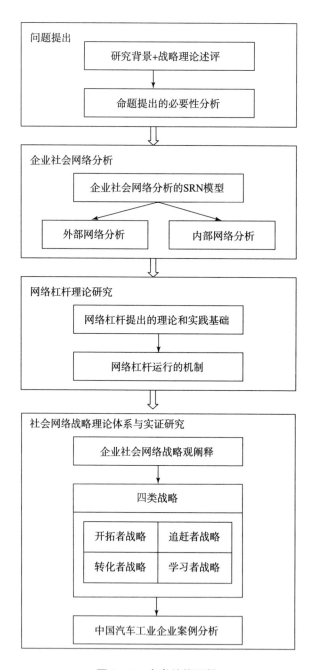

图1-2 本书结构逻辑

（4）案例分析与实证分析相结合。通过对企业成长中实施竞争战略的实践的整体把握和对个别案例的具体分析，进行成功与失败的比较研究，佐证文中的主体思想和理论观点。

（5）动态分析与静态分析相结合，通过逻辑推理，历史性地分析问题。

本书所涉及的问题，包括内外网络特征与网络流的关系、网络基础上企业对战略的选择等内容，目前还不适合采用大样本调查问卷的研究方法，应该采用以理论研究为主的方法来拓展相应的理论。因为，网络的结构和关系性嵌入相关理论在企业研究上的应用和解释尚不成熟，网络的复杂性很难通过精确的数量分析来解释，而主要通过定性分析，辅助以定量分析才能合理地发现和弥补前人研究的不足。

实证部分的设计。对于企业外部社会网络分析，本书主要通过45家企业（主要是制造业）的调查问卷对理论假设进行验证，因此，研究结论主要适用于制造类企业；对于网络杠杆理论和企业的社会网络战略理论，由于涉及因素复杂，难以用数据进行分析，主要通过细致地分析几家企业的网络特征及其战略的选择，力图从个性出发，从发现问题到分析、理解问题，对提出的理论进行佐证，具有一定的适用性和科学性。

总之，本书在一定程度上既体现了管理实践的迫切需求，也符合理论研究的方向，具有较高的理论意义和较强的实用价值。

第2章 企业组织形式的演变和企业战略

正如蒸汽机带来了工业社会一样,新经济的主要物质基础网络也正在催生一个崭新的社会模式,构建出一种新的社会形态——网络社会。网络社会的一个重要特征就是组织形式的网络化。本章主要探讨企业组织形式的演变以及新环境下企业战略理论研究面临的问题,初步提出企业的社会网络战略研究框架。

2.1 网络社会的兴起

卡斯特根据社会环境的特征,提出了网络社会的概念,其重要特征体现在:经济行为的全球化、组织形式的网络化、工作方式的灵活化、职业结构的两极化、劳动生产的个性化,等等。网络社会的到来代表了人类经验的一种巨大变化,尤其是由于网络自身所具有的时空分离性、互动性、平等性、开放性等特点,为社会生产方式和经济形式的创新提供了丰富的契机,并成为支配和改变我们社会的重要源泉。正如卡斯特所指出的,作为一种历史趋势,信息时代的支配性功能与过程日益以网络组织起来。网络建构了我们社会新的社会形态,而网络化逻辑的扩散实质性地改变了生产、经验、权力与文化过程中的操作和结果,为社会的整体性变革提供了动力源泉。

与传统的工业化社会相比,卡斯特认为网络社会的兴起带来了一场前所未有的变革,这种变革主要体现在:一是以新的信息技术和基因工程为基础的新技术范式的出现,并不断地引发出一系列的社会变革和创新,从而在总体上推动社会的整体发展。二是全球化通过借助于网络而成为一种现实的社会运动,并在全球网络的广度、全球联系的强度、全球流动的速度和全球影响的深度等方面都达到了前所未有的程度。三是互联网将连接个人与群体,并共享多媒体的超文本,而这种超文本构成了新文化的支柱,使其在享有意识形态和技术自由的同时,得以跨越整个地球和整个人类历史。四是政治、经济、文化与信息的全球网络,将造成民族国家社会的终结。五是科学知识的发展及其运用将使工业时代以来的文化和自然之间的关系不断得到调整。六是网络社会的社会变革还超出了社会和技术生产关系的范围,从而改变生产、经验、权力与文化过程中的操作和结果。例如在硅谷,筹组工会并不流行,员工服务的对象与其说是一家公司,不如说是整个产业或是整个技术,经由高度流通的人力,最新的知识同样地快速散播,加上上游供货商、承包商、厂商之间的密切联结关系,形成紧密的技术合作交流网络,传统上要评断一家公司的竞争力,能够从企业的内部环境与外部环境分析着手,然而在硅谷,企业的竞争力来源,不只是企业内部,而是整个产业的群聚网络!在网络社会的背景下,企业组织的网络化已经是大势所趋。企业的网络化加快了企业国际化的进程,企业之间竞争的深度和广度得到了极大加强,促使企业组织结构、运行方式和战略思维发生变化。

2.2 企业理论研究新进展

2.2.1 企业理论研究回顾

对于企业理论,学者们进行了很多探讨,存在各种各样的观点和看法。人们一般按科斯对企业的研究为分水岭，把企业理论分为古典理论和现代理论两个阶段。

古典理论。在其名著《国民财富的性质和原因的研究》（即《国富论》）中，经济学鼻祖亚当·斯密（Adam Smith）最早对企业做了初步的考察。亚当·斯密及其追随者从有关市场分工开始对于市场和企业进行研究，形成了目前的新古典企业理论。新古典理论主要从技术角度来看待企业，通过生产函数来分析企业的边界、规模，也分析了市场的结构。正如其他经济学家所指出的这套理论缺少对企业这个黑匣子内部的探讨，而只能看到企业、市场的表面关系。

现代企业理论。现代企业理论始于20世纪30年代，主要包括交易成本理论、产权理论和信息经济理论等。1933年美国制度经济学家伯利（A. Berli）和米恩斯（G. Means）《现代公司与私有财产》一书的出版，以及1937年罗纳德·科斯（R. Coase）《企业的性质》论文的发表，标志着现代企业理论的形成。现代企业理论是产业经济学的一个发展方向，其关注的问题包括以下三个方面：企业为什么会产生？企业的性质是什么？企业的边界在哪里？对于这些问题不同学派有着不同的解释。交易成本理论始自罗纳德·科斯1937年发表的经典论文《企业的性质》。科斯首先认为市场运行是有成本的，如发现各类产品的价格、了解产品信息、交易各方的谈判、履行契约等都要花费成本，这种成本组成了交易成本。当以上活动都在一个企业内部进行的话，交易成本将大大减少。当市场交易成本大于企业组织成本时，资源配置就会以企业这种经济组织来进行。通过创建企业并允许某个权威来支配资源，通过较为固定的等级结构、命令、控制等企业手段将交易内部化，可以节约交易费用。科斯还指出企业的运营具有组织成本，当企业规模持续扩大时，经营管理层次的增加使得组织的运营成本增加，从而使企业的边界不能无限扩大。产权理论认为，企业是要素投入者之间签订的一组契约的连接，其实质是将外部性的对象内部化。信息经济理论认为"市场失灵"尤其是信息不对称是企业存在的必要条件。由于个人间利益相互冲突，且受到接受、处理信息能力的限制，故有必要通过企业将许多掌握不同信息的个人联合起来，以协调经济活动，增加效率。

2.2.2 企业理论的新认识

新古典理论的目的是理解价格导向而非管理导向的资源配置，集中于专业化，而不是管理协调。企业在这一理论中没有起到核心作用，它是一个众所周知的流入资源和流出产品的"黑箱"，几乎不关心这种转换是如何完成的。在新古典理论核心的完全竞争模型中，这一转换所依据的是已知技术和价格的指示，管理没有真正的影响。生产在企业里发生，消费和资源供给在家庭里发生，人们必须相互依赖，自给自足被排除在外。如果一家农场是为市场而不是为生产者生产庄稼，不管它是由单人还是多人拥有和经营，它就是一个企业。

现代企业理论打破了企业的"黑箱"，把"效率"和"理性"作为分析企业问题的基本概念。现代企业理论认为企业存在是因为它比市场更有经济效率，企业的产生就是为了满足对经济效率的功能要求，在理论上构成了一个自我封闭的循环性框架，却缺乏历史性的解释和现实的考察。新经济社会学家对此进行了强烈的批判。理性与效率有着密切的关系，因为理性选择正是效率的前提。效率和理性何以导致企业的产生和秩序的维持，经济学家提出了两种解释：制度安排和普遍道德。他们认为合理的制度安排可以使机会主义成本过高，从而使秩序成为可能。格兰诺维特对此进行了批判，他认为这是一种社会化不足的观点，具体的人际关系及其所带来的义务会阻碍破坏性活动，而与制度安排无关。也有些经济学家认为普遍道德是信任的源泉，这导致了大家自动维护经济秩序，格兰诺维特认为这种观点与人类行动的过度社会化相关，社会关系才是产生经济中信任的主要因素。很显然，人们在寻找值得信赖的经济活动合作者时，已有的社会关系可以确保合作的顺利进行，紧密的人际关系使得行为更具有可预测性，这样嵌入具体社会关系结构中的规范行为便导致了秩序的形成与维持。尽管诺兰格维特不认同制度的力量，但我们不能不从现实生活中认识到制度的必要性和重要性，任何一个企业都有一套管理制度来保证企业的正常运转和效率的提高，因为，制度的存在在企业内部建立了激励与约束机制，限制个人的机会主义，引导个人行为与企业目标一致。但在制度缺乏或受到质疑时，社会网络确实是合适的替代者，企业成员会把制度、规范和社会关系网络综合考虑后做出决策的选择。一方面，社会关系网络保证了小团体的稳定和安全；另一方面，对外部则有两种结果：或促进秩序或抵制制约。所以，对于企业而言，着眼于建设企业大网络或谋求非正式组织目标与企业整体目标的一致是提升企业绩效的途径。不管如何，我们应该认识到社会网络是研究企业的重要变量。我们整理了山东信义集团发展过程中的网络作用图，由此可见，社会网络是促进企业发展的重要因素。山东信义集团社会网络作用如图2-1所示。

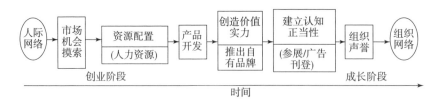

图2-1 山东信义集团社会网络作用图

2.3 企业组织形式的进化

企业组织形式的进化，指的是传统企业如何在新经济的大环境下改变自身的组织方式，以及现代企业与传统企业之间的互相渗透问题。传统企业经过一步一步的资源积累，形成了重点发展内部资源的路径依赖；现代企业则看到了社会网络的重要性，"不求所有，但求所用"，正逐渐成为企业发展的资源理念。

在工业经济时代，企业的组织方式主要受管理模式的影响，通过提高管理效率进而促进生产效率的提高是确定企业组织形式的前提。而在新经济时代，企业的经营模式是决定企业组织方式的主要依据。工业经济时期，企业的组织方式是从上而下进行逐级管理的金字塔科层式结构。在当时的条件下，由于生产节奏缓慢和信息传递载体的不发达，这种组织方式起到了积极的作用。但是，在新经济时期，随着信息的加速流动和网络化发展，多个管理层的存在已经暴露出阻碍信息流通的障碍，上、下级之间可以通过网络渠道直接进行沟通，减少信息传递中的扭曲。如企业的自动化生产程度越来越高，工人必须掌握先进的知识和操作技能才能上岗工作。在山东东营调研时我们发现，在西水集团、金宇集团等一些企业的轮胎模具生产车间，生产线上的工人已不是从事又粗又重的工作，而是操作先进的机器，很多工作通过计算机来实现。

2.3.1 企业组织的内部网络化

德鲁克（1989）认为，信息社会的特色就是知识成为最主要的经济资源，以往生产资源主要是土地、资本与劳力，而现在则主要是知识。以往的产业是劳动力密集型产业，要靠剥削劳工取得利润，或是资本密集产业，要靠大规模生产的规模经济获取利润，而今天，主要产业都是技术密集型产业，只有知识创新才能赚到利润。所以知识流传、组织学习就成了创造资源、节省成本、组织取得竞争优势的关键。圣吉（Peter Senge，1990）在《学习型组织》中指出，过去的管理哲学是围绕着如何低廉地开采土地、劳动力与资本等资源，以降低生产成本为竞争关键，但未来的组织则侧重于如何管理人们的知识创造力。在这种背景下，垂直整合上、下游，多部门，多功能，层级分明的企业管理体制已走完它的辉煌岁月。正像工业时代的代表性组织是垂直整合、多部门、多功能的大型科层组织那样，信息社会的代表性企业组织将是网络式组织（Drucker，1993；Castells，1996），就是让组织内部以工作团队为结构单位，增加生产的弹性。实际上就是在公司内部以网络组织原则取代科层组织原则，是一个以社会控制代替公司内权威控制的过程，简单地说就是"企业内部网络化"。

2.3.2 企业组织的外部网络化

为快速应对不稳定的市场和满足顾客多变的要求，企业与外部组织的关系正由一般市场关系向网络伙伴关系转化：第一，建构顾客网络，因为它要顾客加入生产决策之中；第二，建构经销商网络，因为它要随时获得市场情报的反馈；第三，建构紧密的供应商关系网，以建立即时供货系统，并保障供货品质；第四，建构一张稳定的外包网，以保证多样化生产中，各式各样外购零组件能即时供应。追求互利共赢的组织形式和商业模式必然是虚拟企业、生态圈等网络式组织。

在当前环境下，企业管理者往往通过网络把合作伙伴变为组织的一部分，借助合作伙伴的力量，来组成虚拟企业以实现各种功能。虚拟企业往往只生产整体产品的某一部分，而这一部分恰恰是其优势所在。正因为它只生产产品的某一部分，这就决定了它必须与其他企业合作，完成整个产品或者说实现整个项目。企业"虚拟经营"是不以实物化产生的经营方式，是依靠品牌、商标、信誉、技术、网络等现代知识经济为特征的新的经营模式。虚拟企业是寻求资源最佳配置的一种整合方式，是以共有的市场发展机会为基础的。一旦共同发展的市场机会终结，虚拟企业随之解体，等待下一次商机，再寻求新的组合。虚拟企业取得持续竞争优势的原因在于：虚拟企业可以突破传统企业的边界，使成员企业在更广阔的范围内有效地利用外部知识，并通过对成员企业各自拥有的知识进行有效的协调和管理，组合创新成具有特异性的知识。虚拟企业环境下的供应链改变了以中间企业为节点，向两侧树状伸展的传统结构，取而代之的是复杂的网状结构，供应链管理的复杂程度和面对的非结构化、非线性问题也随之剧增。虚拟企业这种动态联盟不但要考虑自身的需求和利益，同时还要考虑成员企业的需求和利益，因而无法避免群体决策问题，这使得虚拟企业在制订生产计划和资源分配计划时较传统企业变得更加复杂，由此带来了虚拟企业核心能力集成的非线性和复杂性。

海尔搭建了开放的创业创新平台，企业从科层制转型为共创共赢的生态圈，目的就是各方利益最大化，实现持续协同、共享创造的价值。张瑞敏表示，所谓共创共赢，企业首先应融入互联网的节点，并坚持自以为非。同时，企业必须以创造用户最佳体验为导向，以按单聚散、跟投创业为驱动力，最终实现"迭代——分享——再迭代"的共创共赢模式。而在这个过程中，海尔以"企业平台化、用户个性化、员工创客化"的"三化"战略作为颠覆方式。"企业平台化"就颠覆传统科层制，构建无边界的生态圈，最终建立共享平台与驱动平台；而用户个性化则要求重视用户的体验，海尔通过再创增值交互的用户圈和布局互联工厂，让用户参与设计生产等各个环节，以实现产销合一的目标；员工创客化就是以动态合伙人制为依托，通过让员工向创业者演变、引入用户付薪、改变雇佣关系等手段，最终孵化出自创业、自组织、自驱动的创客小微。产业生态圈作为一种全新的现代组织形式，已被众多当代企业家视为互联网时代企业发展全球战略最迅速、最经济的方法，已成为现代企业提高国际市场竞争力的有效形式。生态圈本质上是一种基于优势互补、资源共享思维的经营方式。海尔早已经不是单纯的家电生产商，经过张瑞敏人单合一双赢模式10年的不断探索，海尔不仅基于家庭生活需求，以家电产品为核心，打造出一个庞大的产业生态圈，而且转型成为一个创业平台，成为一个集合了各利益攸关方的共创共赢平台。

在一个知识管理愈来愈重要的组织内，在一个以技术创新为决胜关键的市场内，信息化是组织生存必要的一步，而众多传播理论则已证实，网络式的结构，不管是内部网络较之于科层组织，还是公司外部网络较之于公司间相互独立的市场关系，都具备信息传播的竞争优势，所以为了知识传播效率与效能，追求组织信息化的同时也要追求组织网络化。在新经济下，企业必须通过内部网络化和外部网络化才能达到对消费者需求和市场机遇做出快速反应的目的。

2.4 企业组织网络化对传统市场结构和企业绩效的影响

企业网络对传统市场结构的影响主要表现在三个方面：

第一，交易成本的降低。交易成本理论认为，交易成本是人们为达成交易而必须支付的成本，它构成了社会资源的浪费。由于交易成本起缘于信息的不完善、违背契约等因素，因而改变这些因素就可减少这类成本的发生。企业网络在网络参与者之间建立起了信息共享机制、信任机制和惩罚潜规则，大大降低了交易成本。当前，蓬勃发展的互联网给节约交易成本提供了硬件条件，而使互联网高效运行的软条件则是组织之间、组织与个体之间的社会资本。

第二，网络通过对交易成本的影响而改变产业结构。网络带来的不仅是企业与企业、企业与顾客的交易费用的大幅降低，更重要的是它导致产业结构发生变革。科斯曾经以交易成本解释企业与市场的边界，他认为正是因为市场中存在着高额的交易成本，为了节省市场中的交易成本，生产链中的上游和下游的企业之间就会通过"垂直合并"的方法来减少市场的交易成本。基于信任的网络可以极大地减少市场交易的"交易成本"，使得企业不必要再进行垂直合并，而更多展开垂直分工，企业因此会变得更专业化，一家企业会集中发展优势产品，对非核心产品和服务，企业会通过网络从其他企业得到。由此，新经济下企业经营的一个显著特征是越来越倾向于专业化。生产的高度专业化意味着企业即使在相当小的规模上也可以展开经营并生存下去。比如原来大规模的汽车生产厂商不必要再自己生产汽车的各个部件，而是由高度专业化的小企业去专门生产汽车组件。由于展开高度专业化分工，与传统的汽车产业高度的进入壁垒相比，这类企业的进入壁垒也将变得很低，这意味着在该生产领域会生存无数类似这样的企业。由此，传统经济下汽车产业的寡头垄断结构可能被打破，而代之以更倾向于竞争性的市场结构。

第三，网络通过对企业内部结构和企业规模的影响而带来产业结构的变化。企业内部的管理成本极大地限制了企业规模的扩大，而企业内部网络系统的使用及企业管理模式由传统的层级式向扁平式的转化，使企业的规模将不再受传统企业管理成本的制约，从而传统企业规模收益递减的规律将被打破，企业可以不断扩大其规模仍能安享规模收益递增的好处。比如一家厂商生产的产品在传统经济下其规模可以供应某一省份，在网络经济下，其规模可以扩张至供应整个地区甚至整个国家的产品需求。即在市场可容纳的范围之内，由于规模收益递增的作用，企业的平均成本将持续下降。也就是说，在传统经济下由于受到规模收益递减规律作用而不得不将其规模控制在市场容纳范围之内的企业，在网络经济规模收益递增作用下，市场结构将呈现出垄断的特征。

根据我们对45家企业的调查问卷，得到的结果是企业组织网络化和企业的绩效之间有着显著的相关关系（见表2-1），因此，研究企业战略，企业组织的网络化趋势已经是不得不考虑的因素。

表2-1 企业外部网络化、内部网络化与绩效相关关系

	指标	外网化	内网化	绩效
外网化	皮尔森相关系数	1	0.608**	0.530**
	显著性（双侧）		0.000	0.000
	样本量	45	45	45

续表

指标		外网化	内网化	绩效
内网化	皮尔森相关系数	0.608**	1	0.612**
	显著性（双侧）	0.000		0.000
	样本量	45	45	45
绩效	皮尔森相关系数	0.530**	0.612**	1
	显著性（双侧）	0.000	0.000	
	样本量	45	45	45

**. 相关系数在 0.01 水平上显著（双侧）。

2.5 企业战略研究的新要求

Alfred Chandler 在《战略与结构》一书中阐明了 19 世纪铁路运输和相关产业的增长对现代资本主义公司的发展所产生的作用。工业革命时期，固定资产和耐用品的创造和分配，往往是通过长距离的运输来产生价值，管理和经营铁路运输的地理、时间和财务需求促进了更加复杂的企业组织的产生。早期的组织形式和业务运作不能适应新的环境，同样的，铁路运输促进了现代全球企业的形成。之后，现代企业的宽度和深度需要更加复杂功能的科层在广泛的、多区域企业间来协调资源的分配。进入 21 世纪，我们见证了同样的现象。与工业时代相比较，新经济通过知识的创造、传播和应用来催生价值。20 世纪 80 年代以来，网络技术创造了类似于 19 世纪铁路运输业的状况，它影响着企业结构、关系和竞争的选择。然而，大多数学者和参与者只关注技术，把网络技术描绘为革命，这些技术仅仅是工具。最重要和最具有深远意义的是人们和企业如何使用这些工具创造价值。当今时代，企业财产的私有权和知识的社会性质之间的冲突成为组织形式转化的基本动力。面对这种挑战，构建和运营企业社会网络的能力成为企业追逐经营效率和竞争优势的重要能力，社会网络正在改变企业之间的竞争和公司战略。本研究将发展和应用新的理论框架探讨企业社会网络对战略的影响，试图提出基于社会网络的企业战略理论体系。

2.5.1 战略的两难困境：承诺和不确定性

制定和实施战略，前提是预测，然而，将来是不确定的。这就是战略制定者的两难困境：对不确定的将来承诺资源。像技术和市场变化加速一样，不确定性也在增加，波特的战略模型最根本的挑战就是在市场变化的情况下，企业如何能有效地定位。战略的实施需要企业确定它们相信能带来利润的发展方向。Pankaj Ghemawat 的承诺理论认为，战略需要资源投资，如果战略决策是错误的，资源投资很难或不可能从未来收回。如果不确定一个发展方向进行投资，不可能实现任何目标，发展优势能力和资源组合需要时间和精力，因此，重新定位是有成本的。面对两难困境，企业在资源的承诺、能力投资和战略柔性需求之间如何平衡呢？企业需要在资源和能力上获得超过竞争对手的优势，但是资源和能力投资需要长期承诺，而且，现金流是一个关键因素。对于一个小的、新成立的企业，现金流是很关键的，如果对一个不合适的方向做出承诺，它就会面临生存问题。成立后的企业现金流依赖于既有的产品和服务，应对市场变化承诺一个新的战略方向意味着对现金流的威胁，它们不仅面临技术变化的不确定性，还面临着产品市场的不确定性（Christensen，1997）。Christensen 认为，拥有成型技术的企业面对的挑战是一些暴发户的技术会使企业主导产品落后。Hamel 和 Prahald 建议领导者要建立不断提升能力的路线图，使企业能力随着环境变化而更新。实际上，战略的困境主要来自不确定性，因为没有人能准确预测未来。

不确定性在交易成本理论早期发展中扮演了很重要的角色，垂直整合通常源于供应的不确定性，可以使企业以合适的成本适应市场需求（Williamson，1975、1985）。科斯把交易成本视为企业存在和决定企业边界的因素。当然，通过垂直整合控制资源对于企业的信息和边界是合理的，但是，在通往未来之路中，另一种不确定性逐渐明显，快速的技术和市场变化威胁着每一个产品、服务和业务模式，整合什么都是不确定的，在一段较长时间内，什么样的能力和资源能产生竞争优势并把它们最有效地整合到企业内具有不确定性。一些小企业没有必需的能力和资源进行垂直整合，即便它们有充足的资金。将来的不确定性越大，企业越要建立战略组合，因此，当市场变化可能会破坏企业的价值创造能力时，有效的战略需要承诺具有不确定性的将来。

解决这个广泛战略困境的一个可行办法就是发展企业内外的柔性。

2.5.2 战略和企业理论

理解企业行为和业绩需要理解企业的性质，同样的，大多数企业战略研究根源于企业理论文献。经典的观点就是企业的交易成本理论，或交易成本经济学（Coase，1937）。企业可以使其以较低的交易成本获得在市场上相似的资源，过去的几十年中，信息和沟通技术开始改变市场参与者的管理和交易成本，假如以交易成本理论解释企业的存在及其边界，在市场交易成本中最显著的变化就反映在企业间结构和关系的变化上，过去几十年大量出现的企业间组织形式，从战略联盟到虚拟组织，是符合信息技术发展的，这些组织形式在过去是不可能或不实际的。市场中的交易成本包括的因素有搜索、选择、谈判、履约、执行和机会等，在企业内部，成本包括代理和控制费用。在企业间联合体资源的管理中，无论是通过正式契约还是非正式关系，交易成本的形式就是协调成本，即在独立企业间协调的费用。信息技术的发展和企业间管理能力的提高使协调成本得到了降低，催生了介于企业的科层控制和市场的契约管理之间的中间管理体制。

广泛的战略联盟代表了企业间深层关系的早期以及快速扩散的形式。联盟的其他动机包括高质量的有形资源和企业都关注的最能增值的部分，有效的联盟能够提供超过单个企业自身能够产生的高质量服务，至少以相似的或较低的成本获得舒适的服务。然而，联盟代表缔约实体的纯粹的价值创造，要允许接近各自的核心能力。交易成本理论把联盟安排视为更有效的管理配置，只关注成本会忽略或降低价值创造的潜在收益。

交易成本理论把降低交易成本作为企业组织的原理，同样的，交易成本经济学就是解释任何一种能够以最低成本获得经济价值的组织形式，根据传统的定义，交易成本是建立在有限理性以及组织和制度发展的路径依赖上，企业之所以存在是由于交易成本低于市场运行的成本。科斯从他在福特公司的工作经验中认识到了企业的垂直整合战略，他假定垂直整合是为了降低交易成本，这个交易成本是由企业在市场中购置要素带来的。福特采取垂直整合有两个初始动机，一个是控制整个生产和分配过程，另一个是控制质量和生产要素。在汽车产业发展早期，在很多情况下都没有制造商能提供符合福特公司要求的数量和质量的产品。之后，汽车产业演化成了"假垂直整合"产业，由于这个产业直接拥有或控制所有的生产和分销渠道，每个重要的汽车制造商都在独立企业组成的网络中占有优势位置。现在的形式呈现出由主要制造商构成的组织安排，它们都捆绑着一个、两个、三个供应商和分销网络。接下来经历了整合和分解的时代，到今天，形成了没有核心的单元。20世纪30年代，福特模式几乎是排外的，交易成本理论是当时理解公司的有效方法，运营效率决定的产业和战略非常适合用交易成本理论来解释。近20年，许多学者认为交易成本已不能很好地解释公司间的关系，特别是当效率不再是首要的决策因素后（Prahalad和Hamel，1990；Zajac和Olsen，1993），追逐新的公司能力、构建长期的研发联盟的决策很难分解为离散的交易成本。

对战略领域产生重大影响的网络方法起源于社会镶嵌理论，该理论认为企业镶嵌于社会关系形成的网络中。社会网络往往被定义为一系列节点（包括个人和组织）由一系列社会关系联系起来的特殊形式。这些关系包括政府、家庭、职业、地区和种族，对战略有广泛的影响。Gulati，Nohia和Zaheer最近提出的战略网络揭示了社会网络对企业战略的影响。他们从网络结构、网络成员和节点特征3个方面论述了网络对战略的影响。

理解网络对企业战略的影响的一种方法是网络给企业提供的社会资本。社会资本是可以建构、挪用、转移、替代或互补的。很多人把网络看成是外生的，因此可以通过行动来建构，可挪用是指社会资本可以用于不同的用途，社会网络也可以转换为其他形式的政治、经济或战略优势或目标，也可以替代或补充其他资源，如利用独特的网络关系弥补财务或人力资本的缺乏。就像资源理论强调的异质性资源那样，企业的网络和资源是具有不同特质的，它通过路径依赖而产生。由于高层管理者的私人和职业生涯轨道不同、开拓市场交易关系不同、战略选择不同、企业与网络节点的关系力度不同，因此，动员网络资源的能力对不同企业是不同的。网络对一些企业来说提供了机会和通道，而对另一些企业来说是竖起了进入和行动的障碍。因此，网络关系可以根据社会镶嵌和资源获取来解释战略的差异。

2.5.3　企业的社会网络战略理论初步框架

针对上述企业战略研究面临的新问题，本书提出了一个新的解决思路，就是立足于企业的内外网络分析探讨形成竞争优势的机理，以此为依据提出企业战略理论模式，用函数表达式就是：企业竞争态势 $=f($ 外部网络，内部网络 $)$。

战略适应理论可以表示为：企业竞争优势 $=f($ 外部环境，组织内部资源 $)$；产业结构理论可表示为：企业竞争优势 $=f($ 产业结构，企业定位 $)$；资源理论可表示为：企业竞争优势 $=f($ 内部资源或能力，员工契约 $)$。由此可以看出，本书提出的上述企业战略模型正是对以上传统战略理论的综合。

在网络经济迅速发展的今天，从企业内部看，由科层制向网络化演变的趋势愈来愈强；从外部来看，企业的边界越来越模糊，企业与各个组织的合作与依赖程度越来越大。企业的行为和业绩实质上来源于企业整合、塑造和重组内部和外部资源。其中，企业自身的内部网络是实施网络战略的前提，因为企业缺乏一定质量的内部网络，则无法构建自己的外部网络，也无法进入其他企业的网络；企业外部网络是成员间相互联系的、多向多层的关系，它推动了网络内信息流动，提供了企业所需而自身又不可能完全具备的互补资源。因此，企业的竞争优势来源于内外网络资源的整合。正像 Gulati 等人所说，一个企业获得的租金部分来源于其拥有的核心能力的贡献，也有部分产生于其自身的战略网络及其社会关系，而且网络对企业现有核心能力发挥杠杆作用和创造新的核心能力起关键作用。企业绩效不仅取决于企业拥有的核心资源，也取决于企业的外部网络的特性和管理水平。因此，从战略上改善企业绩效，关键是如何通过有效地加强和管理企业内外网络，将外部的能力和资源与自身的核心能力有机整合。这种战略管理模式的思想核心是：加强企业的外部网络全过程管理，与有关的组织动态地建立一种长期的合作网络关系，以求相互学习、共同发展，快速发现和响应机遇，以充分发挥内部核心资源的杠杆作用，实现企业可持续发展战略。按照战略管理的层次，可以把战略制定过程分为三个步骤：战略分析，识别内外网络作用输出力量的机制；战略选择，确定包括网络发展目标、策略为主的战略内容；战略实施。基于社会网络的企业战略框架如图 2-2 所示。

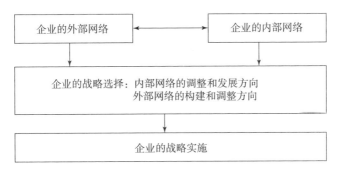

图 2-2 基于社会网络的企业战略框架

社会网络思想把产业组织分析模式和资源理论分析模式等传统战略理论有机地结合起来（见表2-2）。但需要注意的是，网络战略管理范式是从企业镶嵌于网络的角度出发提出的分析方法，它与传统的战略管理模式之间并非是取代的关系，而是对传统战略管理理论的发展和有益补充。

表2-2 传统战略思想与网络战略思想的初步比较

比较项目	产业理论	资源理论	社会网络理论
战略思考方向	由外向内	由内而外	内外结合
战略重点	产业结构/竞争对手	企业独特内生资源	网络内所有资源
战略目标	比竞争对手做得更好或打败竞争对手	充分利用企业的独特资源取得竞争优势	动员网络内资源，取得共赢

2.6 本章小结

本章探讨了新经济特征下企业理论的发展和企业组织模式的变迁，提出社会网络是企业理论研究不可忽视的因素，企业的社会网络正在改变其竞争和公司战略。根据企业内部网络和外部网络化的现实，从战略的两难困境——承诺和不确定性出发，综合已有的战略理论，初步探索了企业的社会网络战略研究框架：内外网络分析、战略选择和战略实施。同时，对网络战略思想和传统的战略思想做了初步的比较。

第3章 社会网络分析的基本理论

从社会学研究的角度来看,社会网络理论已经基本成熟,但对于企业社会网络的研究还处在探索阶段,争议较多。本章主要通过社会网络的基本概念综述,对企业社会网络的相关概念进行界定,对用于分析的网络要素进行提炼,并提出企业社会网络分析的框架。

3.1 社会网络概念综述和企业社会网络界定

关于社会网络,不同的学者做出了不同的界定,如米切尔从社会关系角度将社会网络界定为某一群体中特定的个人间的一组独特的关系。他认为网络是一种描述社会结构的方法,并发展出社会网络分析的4个维度,也可以看作社会网络的4个基本构成要素,即结构性要素(行动者联系的形式和力度),资源性要素(行动者能力、知识、种族、财产等特征在网络中的分布),规范性要素(影响行动者行为的规范和规则)和动力性要素(网络形成的时机和制约因素)。布迪厄把社会关系网络当作一种社会资本,认为社会资本是实际的或潜在的资源的集合体,那些资源是与对某种持久的网络的占有密不可分的,这一网络是大家共同熟悉的,得到公认的,而且是一种体制化关系的网络。

经济学者根据市场和企业的边界问题提出了企业网络的概念。他们把企业之间的关系分为三种形态：第一种是企业科层，交换各方实行纵向一体化，被纳入企业的边界之内，存在隶属的关系，依附于行政命令，运作过程中必须付出行政代价。第二种是市场，即交换各方的产权独立，地位平等，以契约为纽带，其联系是短暂的，交换各方必须付出交易成本。第三种是处于上述两者之间的企业网络。与纵向一体化的企业科层不同，企业网络内各成员的产权是独立的，地位是平等的，不存在行政命令。与市场不同，企业网络内各成员之间的交易是长期的，信任程度较高，规范是维系网络的主要纽带。边燕杰等认为，网络关系可以避免纵向一体化所带来的行政费用过高和规模过大带来的灵活性不足；同时，也可以减少短期的市场交换必须付出的过高的交易费用。企业与市场关系演进图如图3-1所示。

图3-1 企业与市场关系演进图

企业的社会网络是处于一个共同体内的参与者，包括个人、组织，在分享和交换各种资源及信息的过程中而形成的各种关系的集合。从企业生存的外部环境看，企业作为经济活动的主体，不是孤立的行动个体，而是在各种各样交错纵横的关系中运行的，是与经济领域的各个方面发生种种联系的企业社会网络上的节点。因此，社会网络不仅包括企业行为者间的关系网络，如企业家之间的个人关系网络，还包括企业与供应商、经销商、客户、同业者、合作伙伴、金融部门、政府部门等之间的相互认知关系、合作关系、信用关系等。企业依托社会网络这一纽带和载体可以更好地摄取稀缺资源和重要信息，进而实现企业的战略目标。因此，企业的外部社会网络是企业通过与其他组织或个体的社会交往或市场交易形成的资源能够互补或能够通过学习相互促进、逐渐进化的一种组织形式。即在组织间，企业通过彼此频繁的交易往来建立起相互间长期的合作关系，用共同的努力去应对市场中的竞争。从企业运营的内部环境看，部门间、个体间的合作日渐增多，通过正式和非正式组织规则，形成多点间的彼此关联和相互沟通，使组织成为一个由核心和枝蔓形状构成的网络，从而改变了传统的科层制模式。

网络研究探讨了导致组织间相互连接的网络安排及其演进的各种要素，把分析的重点从原先的注重对企业活动边界的界定、企业与市场相互之间的最佳组合以及对企业内部科层组织形式的选择等，转向了对企业内部、外部能够诱导产生的和实际存在的各种各样交互作用的网络关系及其结构的研究上，提出了无论是在市场之中还是企业内部，市场原则和组织原则都是共同存在的。这种相互连接和相互渗透，最终导致了企业间和企业内复杂多变的网络结构和丰富多样的制度安排。特别是企业所深深嵌入的外部网络成为影响企业行动决策所必不可少的关键性资源，它不仅关系到企业内部现有的资源、信息的分布状况，而且还在很大程度上决定了企业未来可控资源集的大小和获利能力，进而关系到未来的市场竞争格局的变化和企业生存能力的大小。

3.2 社会资本概念综述和企业社会资本界定

近些年，继有别于物质资本的人力资本理论提出以后，社会资本的理论又被提了出来。完全不同的是，社会资本被定义为某种无形的社会关系，而对社会关系的测定，形成了社会网络的理论和方法。

"社会资本"的概念最初是由经济学的"资本"概念演变而来的。这一概念最早是作为经济学术语出现的，而后随着研究的深入，它的研究领域逐渐扩大，政治学、社会学等不同领域的学者都从不同角度研究社会资本问题。

法国社会学家皮埃尔·布迪厄（P. Bourdieu）最早提出"社会资本"的概念。他认为：资本是一种积累劳动，个人或团体通过占有资本能够获得更多的社会资源，社会资本与经济资本及文化资本是资本的三种基本形态。他把社会资本界定为"实际或潜在的资源的集合，这些资源与由相互默认或承认的、或多或少是制度化的关系所组成的持久网络有关"，认为各类资本之间是可以转换的。经济资本是其他类型资本的根源，因此，由经济资本向社会资本转换较为容易，而由社会资本向经济资本转换较为复杂，且带有一定风险性。但总的看来，对社会资本的投资是有利可图的。从这个意义上说，将大量的时间、精力和金钱花费在与他人的交往上其实都是社会资本投资，其利润终将以物质或象征的形式表现出来。因此，社会资本是个人或团体"有意识的投资策略"的产物。

社会学家詹姆斯·S. 科尔曼（James S. Coleman）从功能上定义社会资本，他认为，社会资本由社会组织所构成，存在于人际关系结构之中。在其行动理论中，基本的社会系统由"行动者"和"资源"两部分组成。行动者拥有某些资源，为了实现各自利益相互进行各种交换，甚至单方面转让对资源的控制，其结果形成了持续存在的社会关系。社会网络的封闭性保证了相互信任、规范、权威和制裁等的建立和维持，保证有效动员网络资源（Coleman，1999，pp351 – 376）。

为了突出社会资本的特性，科尔曼将人力资本与社会资本做了对比，若把人际关系的结构用图 3 – 2 表示，以点 P_1、P_2、P_3 表示个人，点与点之间的连线表示关系，则人力资本就存

图 3 – 2　人际关系结构

在于每个 P 点上，而社会资本就存在于 P_1 与 P_2、P_2 与 P_3、P_1 与 P_3 的连线上，这样更可以发现人力资本与社会资本的互补关系。

哈佛大学社会学教授罗伯特·D. 帕特南（Robert D. Putnam）等在对意大利行政区政府研究基础上写成的《使民主运转》（1993）一书中社会资本的概念引起了人们的广泛关注，他认为社会资本是能够通过推动协调的行动来提高社会效率的信任、规范和网络。社会资本是指社会组织的特征，诸如信任、规范以及网络，它们能够通过促进合作行为来提高社会的效率。普特南的社会资本理论尤为关注"信任"，他认为信任是社会资本必不可少的组成部分。美国的社会学家弗朗西斯·福山（Francis Fukuyama）在界定社会资本时也强调了信任的重要性。他提出社会资本就是一个群体的成员共同遵守的一套非正式价值观和行为规范，群体内的成员按照这一套价值观和规范彼此合作；而福山认为所谓的非正式的价值观和行为规范应该包括"诚实、互惠、互相信任"。信任的作用像一种润滑剂，它使一个群体或组织的运作更有效。

对社会资本概念的表述、指标测量和理论模型进行了系统研究的是林南（Lin, 1999, 2001）。他认为，"社会资本可被定义为嵌入一种社会结构中的可以在有目的的行动中摄取或动员的资源"。按照这一定义，社会资本的理论模型应该包括三个过程：社会资本中的投资，社会资本的摄取、动员和社会资本的回报。他把社会行动分为工具性行动和情感性行动；工具性行动被理解为获得不为行动者拥有的资源，而情感性行动被理解为维持已被行动者拥有的资源。对工具性行动而言，可以确认三种可能的回报：经济回报、政治回报和社会回报，每一种回报都可被视作增加的资本。对情感性行动来说，社会资本是巩固资源和防止可能的资源损失的一种工具，原则上是接近和动员享有利益和控制类似资源的其他人，因此，为了保存现有资源，可以储存和共享嵌入性资源。情感性回报包括三个方面：身体健康、心理健康和生活满意。对工具性行动和情感性行动的回报经常是彼此增强的（Lin, 1999, 2001）。林南（2001）指出社会资本的理论发展应以网络和其潜入资源为基础，以个人与人际关系的联系这一中观层次为分析取向。

边燕杰等（2000）将企业社会资本界定为企业通过纵向和横向联系以及各种社会关系摄取稀缺资源的能力。他们认为，企业的社会资本投资实际上就是为了进入、巩固、发展企业网络。企业的社会资本存在于企业网络之中，是分析企业网络产生和发展及发挥效用的解释性概念。

徐延辉（2002）从经济社会学比较分析的视角出发，将企业社会资本界定为基于企业家和员工个人品行（信任）而产生的动员社会稀缺资源的能力，通过企业的社会交换能力表现出来，并以企业为圆心，依据企业可以实现的社会交换的距离和密度划分为企业内部和外部社会资本两部分。企业内部的社会资本包括企业家个人品行、员工个人品行以及企业产品的社会形象三个要素。企业外部社会资本指企业对外交往以及取得外部资源的能力，包括企业的社会网络和共生契约。企业的社会网络是企业在产品的产销过程中与其他贸易伙伴所发生的一些长期性和重复性的社会联系。

李永强等（2012）结合中国"关系"文化的特点，论证了社会资本由于具有过量成本投入、创新思想束缚和创新决策限制等三方面的负面效应，导致组织间社会连带强度并非越强越好。

我们认为，企业的社会资本就是企业通过社会网络摄取并整合稀缺资源、获取信息渠道的能力。企业的社会资本存在于企业网络之中，是分析企业网络产生和发展及发挥效用的解释性概念。上述的分析也说明，企业的社会资本概念可以与经济不确定性的概念相关联。企业进行社会资本的投资以建立企业网络，正是为了应付经济的不确定性的一种制度选择。

3.3　企业社会网络的基本要素分析

社会网络最初集中于研究对于个人的影响，如求职等。本文提炼了布迪厄、格兰诺维特、科尔曼、林南等对社会网络理论做出的贡献，在

表3-1中对经典理论和研究做了简要总结。从社会网络相关理论总结表中我们可以看出，结构、关系和节点资源是普遍采取的研究纬度。

表3-1 社会网络、社会资本理论汇总表

理论/概念	学者	研究对象	核心观点	侧重点
嵌入	博兰尼、格兰诺维特（1985）	个体	从"嵌入"具体的、当前的社会结构、社会关系中做出符合自己主观目的的行为选择	关系
弱关系	格兰诺维特（1973）	个体	弱关系比强关系更能充当跨越社会界限以获得信息和资源的桥梁	关系
强关系	边燕杰（1998）	个体	强关系之间才有强的资源交换动力	关系
社会资本	布尔迪厄（1985）科尔曼（1990）	个体	社会资本是指个人所拥有的、表现为社会结构资源的资本资产，包括三个组成元素：社会结构、关系以及由此生成的行动和资源	结构/关系/资源
社会资本	普特曼（1993）	群体	社会组织中表现为网络、规范和信任的特征	结构/关系
社会资本	纳比特、戈沙尔（1998）	个体/组织	社会资本的三个层面：结构层面、关系层面和认知层面	结构/关系
社会资本	罗家德（2005）	组织	测量集体社会资本时，通常分几个基本的结构面向，分别是信任、公共参与和社会连接、社会网络结构、社会规范	结构/关系
结构洞	伯特（1992）	个体	个体靠开发稠密区之间的"结构洞"才能获得、保持和发展优势	结构
社会资源	林南（1982，1999）	个体	社会网络的异质性、网络成员的社会地位、个体与网络成员的关系力量	结构/关系/资源

续表

理论/概念	学者	研究对象	核心观点	侧重点
社会网络	迈克尔（1997）	个体/总体	社会网络是行动者之间特定的联系关系。4个基本构成要素：结构性要素、资源性要素、规范性要素和动力性要素	结构/关系/资源
	张其仔（1999）	个体/总体	把网络定义为一种结构，由带有一定资源的行动者和关系构成，网络分析要把分析网络本身及分析在网络上流动的是什么结合起来	结构/关系/资源

对于企业来说，社会网络不仅是关系网络，更重要的是参与者获取资源的重要途径。节点就是携带资源的网络参与者，结构和关系就是在现实中的嵌入，即经济行动者嵌入特定的社会网络，这种网络会影响其对机会的选择和随后所采取的行动。格兰诺维特认为，嵌入性可以分为关系性嵌入和结构性嵌入。关系性嵌入是指关系双方之间的需要和目标的重合程度，在信用、信息共享上所表现出的行为；结构性嵌入是指网络内组织之间不仅具有双边关系，而且与第三方等多方有同样的关系，使得网络行动者多方进行连接，形成以系统为特征的关联结构。因此，结构性嵌入是多个网络行动者互动的函数，它使得网络内的信息既可以水平或垂直流动，又可以斜向流动。

3.3.1 节点与连接

社会网络中所说的节点（nodes）是参与网络的各个行动者，更是行动者中间的各种社会关系。节点就是独立的组织决策中心，可以是个人、公司或者集体性的社会单位，也可以是一个教研室、院系、学校，也可以是一个村庄、组织、社区、城市和国家等。节点的规模和类别以及携带的资源是影响企业网络质量的重要因素。

网络基本连接既包括各类行动者的人际关系，又体现在以资产、信息、人才、技术流动等具体形式之上的网络参与主体之间的交互关系，包括物品和服务的交易、信息和知识的扩散、信任和友情的发展以及合理的流动等各种正式、非正式合作关系的总体结构。对于企业而言，正式连接主要指生产经营过程中，选择性地与其他组织结成的长期的稳定关系，如合资、分包、联盟等市场交易网络、供应商网络、产学研合作网络等；非正式连接则主要指网络节点内外的信任、情感交流等人际关系连接。

3.3.2 结构嵌入与关系嵌入

作为网络中的成员，企业行为必然受到网络中资源和信息流动、网络规则、惯例等制度和文化因素的影响，网络中有两种机制会使企业产生信息收益：一种源于结构嵌入性，一种源于关系嵌入性。

3.3.2.1 结构嵌入

结构嵌入性认为网络中不同节点由于位置不同会产生信息优势的差异，处于中心位置的节点或具有更大网络密度的网络会获得更多的信息和资源控制优势。从结构方面看，学者们还经常将行动者所占据的网络位置与其具有的"地位"相联系。地位体现的是一种角色扮演，也就是说，处于同类地位的行动者会扮演大致相同的角色。描述结构嵌入的主要概念有网络密度、结构洞、中心性等。

网络密度。社会网的密度是衡量社会网结构松紧程度或成员之间相互联系的程度，它是以社会网中的实际关系与所有可能发生关系的比率来表示的。所有可能发生的关系可以用公式 $N(N-1)/2$ 来表示，其中 N 是社会网的成员总数，一个网络的密度就是现有的关系数与可能发生的所有关系数之比。因此，网络密度意味着网络联系的紧密度，网络密度越大，网络参与者之间的互动关系越多。

结构洞。Burt 认为，社会网络中的某个或某些个体之间发生联系，但与其他个体之间不发生联系，这种无直接联系或关系间断的现象,好像网络结构中出现了洞穴,称其为结构洞。因此,结构洞是两个接触间的非多余的关系。判断多余或非多余,主要有两个标准:一个是凝聚,另一个是结构对等。从集合标准看,那些通过强关系连接的关系是多余的;从结构对等来看,两个人的接触相同是他们所得到的信息相同,无法获得结构洞效益。结构洞就是一种能从非多余的接触中得到效益。他认为,个体或组织并非位于网络稠密地区之内能获得竞争优势,而是靠开发稠密区之间的结构洞才能获得、保持和发展优势。结构洞带来的是信息利益和控制利益两种,网络行动者一般是信息利益的被动享用者,控制利益则需要行动者积极主动。结构洞与投资回报关系如图3-3所示。

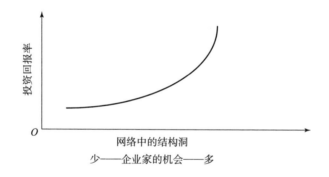

图3-3 结构洞与投资回报关系(引自张其仔《新经济社会学》)

中心性。"中心性"(centrality)是衡量个人或组织结构位置的重要指标,评价一个人的重要程度,衡量其地位优越性以及社会声望等常用这一指标,是社会网络分析用来区别网络地位的基本概念。弗里曼(Freeman,1979)总结了三种关于中心性的量度指标:程度中心性(Degree centrality)、紧密中心性(Closeness centrality)和中介中心性(Betweenness centrality)。程度中心性是关于活跃性的一个量度,常用来衡量这个团体中谁是最主要的中心人物,在社会学的意义上,就是最有社会地位的人,在组织行为学上,就是最有权力的人。对于无方向图来说,程度中心性的公式如下:程度中心性 = $d(n_i)/(g-$

1），$d(n_i)$ 表示某个人或组织的关系数总和，g 表示网络节点总数。紧密中心性是以距离为概念来计算一个节点的中心程度，关系到获取信息的快捷程度，与别人相距越近者中心性越高，与别人相距越远中心性越低。这一指标与程度中心性高度相关，也就是程度中心性高的人往往紧密中心性也高，所以此指标通常很少用。中介中心性衡量了一个人或组织作为沟通媒介的能力，可以用于判断沟通网络中的权力分配，即在多大程度上行动者可以通过阻断信息流程，或者在信息传递过程中扭曲信息的内容，控制他人的思想和行为。能够控制两群人或组织之间的互动和信息，其中介中心性就较高。在"结构洞"理论中，中介中心性高的人或组织就由于其居于"桥"的位置而掌握了信息流和商业机会，可以通过操纵两群人或团体，获得中介利益。对于无向图来说，其公式为：中介中心性 = $2\sum_{j<k} g_{jk}(n_i)/g_{jk}(g-1)(g-2)$，$g_{jk}$ 代表行动者 j 到达 k 的最短距离数，$g_{jk}(n_i)$ 是行动者 j 到达行动者 k 的最短路径上有 i 条路径，g 是网络的节点数。这三种量度中，程度中心性和中介中心性得到研究者的广泛采用，分别对应于个体的资源获取能力和对他人的控制能力，这两个指标恰好测量了权力的两个不同维度：摆脱控制的能力和实施控制的能力。

3.3.2.2 关系嵌入

关系嵌入性认为行动者可以直接通过网络中节点间的相互联系纽带来获取信息。企业网络节点的基本联系包括各类行动者的人脉关系、在资产、信息、人才和技术流动等具体形式方面的经济主体之间的交互关系。一般来讲，直接连接的节点会拥有同质的信息和知识，而且，行动者之间的社会关系越是紧密，他们之间的行动就越是默契，进而影响到他们的战略行动。这将有利于行动者之间的学习和模仿，提高相互间的信任程度，减少不确定性所造成的风险。

3.4 企业社会网络的特性分析

一般来讲,企业的社会网络具有这样几个特性:一是复杂性。在决策中,网络参与者不但要考虑自身的需求和利益,同时还要考虑其他成员企业的需求和利益,网络内存在自组织机制,因而集群从本质上讲是一个复杂开放的巨系统。二是灵活性。网络是一种灵活的资源配置形式,根本特点就在于它具有企业和市场的双重性,同时运用两种手段配置资源。三是动态性。网络内企业是具有独立法人资格的实体,有加入或退出网络的自由,网络中的每个节点都处于不断的运动或流动状态,是活性节点。网络自身根据不同的市场机遇和不同的项目要求,随着各节点企业核心能力的变化而不断地变化,以有效地响应快速多变的市场需求。四是作用延迟性。初加入一个网络或吸纳一个新节点时并不能在当时就获得绩效的提升,但收获了社会资本,从长期来看,这种资本可以使企业获益的可能性大大增加。五是边界模糊性。由于信息技术的发展,网络不再仅仅是限定地域的网络,很难说清楚网络的边界。六是不对称性。同一网络内的企业从集群网络获取资源和信息的能力是不对称的,处于网络中心位置的企业比处于网络边缘的企业获取资源的能力强。

3.5 企业社会网络分析的 SRN 模型

Nahapiet 和 Ghoshal(1998)认为,社会资本对于资源创造(资源的交换与结合)产生了两种效果:第一,提升行动的效率。社会关系网络中,特别是具有弱连接或结构洞的,增加了信息扩散的效率,高信任度的社会资本降低了机会主义的可能,减少了所需的监督程序,从而降低了交易成本。第二,可以促进适应效率、创造力和学习力,以及鼓励合作行为,能够刺激组织创新。Tsai 和 Ghoshal(1998)进一步研究在企业内部的关系网络中,社会资本与价值创造的关联性，他们分别以社会互动代表结构层面，信赖和可靠代表关系层面，共同愿景代表认知层面，用产品创新的数量作为价值创造的衡量标准，如图3-4所示，显示出社会资本有助于提高企业内部资源流通效率，可促进企业价值创造。

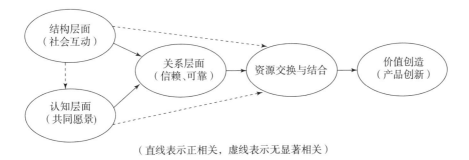

（直线表示正相关，虚线表示无显著相关）

图3-4 社会资本与价值创造模型（Tsai 和 Ghoshal，1998）

在简单的传统价值链中，公司把配件供给装配商，装配商把组装好的产品卖给分销商或零售商或最后的用户；现在，公司、供应商、顾客之间的联系更像一张交互联系的网络，而不是一个单一的链条。链状结构意味着沿着一特定的流进行交换，而网络是成员彼此间相互联系的、多方向多层次的关系，主要表现为信息和资源的复杂流动。在这里，我们根据前面对于社会网络理论的梳理，把 Nahapiet、Tsai 和 Ghoshal 的社会资本与价值创造模型的思想引入企业的社会网络分析。从中国企业的现实情况来看，企业之间的合作虽然较多，但合作技巧较少，合作历史较短，双方合作还远未达到文化融合的程度。在我们对45家企业合作状况调研中，合作双方文化彼此相容的回答值基本上在2左右（按照5级李斯特量表，1为最不相容，5为最相容），文化相容对企业绩效影响很不明显。因此，本研究没有把认知纬度引入分析框架，只把企业网络的结构和关系性嵌入作为影响网络资源流动的关键性因素，选择结构层面、关系层面和节点特征三项内容来研究网络特征对资源流动的影响机理并提出如下分析模型（如图3-5所示）。

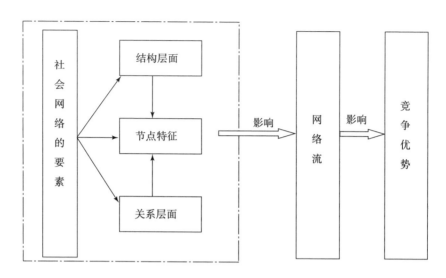

图3-5　SRN（S：结构，R：关系，N：节点特征）模型

结构层面。结构层面分析的重点是网络中普遍存在联系的特性对企业获利能力的影响。

关系层面。关系层面分析关注于如何通过人际关系的创造和维持来获取稀缺的资源，如果说结构维度是有关企业网络是否存在，那么关系维度则是关于企业网络存在的质量。

节点特征。是指网络的构成情况，如由哪些实体构成、各实体处于怎样的状态、网络中资源的分布情况和对各种资源的获取情况以及与该产业相关的产业的状况等。

企业在网络中的结构、关系特征影响到企业对网络资源的利用，从而影响其竞争优势的建立和维持。由此可以推断，按照这一模型可以比较系统地对企业的社会网络战略进行探讨。

3.6　本章小结

本章梳理了社会资本和社会网络等重要概念的渊源，通过理论分析和对现实的思考，从理论上对企业的社会资本和社会网络及其关系进行了界定：企业的社会资本就是企业通过社会交往而建立的社会网络以及通过这个网络摄取稀缺资源的能力；社会网络是处于一个共同体内的参与者，包括个人、组织，在分享和交换各种资源及信息的过程中而形成的各种关系的集合，是介于市场与公司之间的资源配置方式和组织形式，是企业获取资源的重要途径。而企业社会资本是衡量企业社会网络质量优劣的概念性因素。通过对网络要素的研究，提出了社会网络分析的 SRN 模型，即网络结构、关系和节点特征相互作用影响网络流的效率并进而影响企业的竞争优势。

第4章 企业外部社会网络分析

企业外部环境一直是战略管理学者和实践者十分关注的领域,安德鲁斯(Andrews)、波特(Porter)等都从企业外部环境角度对企业战略进行了详细的研究,这些外部环境的研究给我们提供了有益的启示。本章将利用企业社会网络分析的 SRN 模型对企业外部环境进行分析,研究企业外部网络运行机制以及外部网络作用输出机制。

4.1 波特五力模型及其拓展形式分析

4.1.1 波特五力模型分析

波特根据其多年对产业的观察,将产业结构分成五种作用力,分别为潜在进入者的威胁、替代品的威胁、客户议价能力、供应商议价能力、同业间的竞争,对产业内所有公司而言,客户、供应商、替代品和潜在加入者,都是竞争者。因此,若要了解产业结构,就要分析这五种作用力。对于不同产业,决定其竞争及获利程度的五力来源不同,这五种竞争作用力综合起来,就可以决定产业竞争的激烈程度及获利多少。根据一般性策略,当企业面对五种作用力威胁时,必须发展应对的策略,我们将可能的应对策略整理为表 4-1。

表4－1　波特应对五力策略表

五力	波特的应对策略
潜在进入者	提高进入障碍。创造规模经济利益，提高进入资金需求；掌握关键资源/创造独特技术；建立品牌，提高顾客转换成本与忠诚度；尽量满足各市场区隔的需求；有效运用经验曲线，建立成本优势；要求政府设定保护条款。 提高预期报复的可能性。曾经对进入者采取报复行动；拥有丰沛的资源可以进行反击；既有公司对该产业抱有牺牲奉献的强烈决心
同业间之竞争	占个好位置。选择政府/证照保护行业；占有稀有资源；寻找局部独占优势。 降低同业竞争强度。形成同业默契；购并竞争性强的同业；促使同业营运范畴多元化；协助同业退出，降低退出障碍
替代品之威胁	降低成本改善产品。提高产品形象；对客户做好服务，提高移转成本；直接对下游的客户推销
客户的议价能力	选择议价能力较低的客户群。降低顾客价格敏感度；提高顾客转换成本
供应商的议价能力	分散来源，寻找替代品。 使用标准产品，降低转换成本，扩大运用独占力（向后整合；运用品牌优势，发展相关产品，降低对单一供应商之依赖）

使用五力分析，主要了解产业结构，并没有针对单一企业进行强弱势分析，因此要制定企业战略，分析完五力后还要搭配其他分析方法，才能更细致而完整地制定企业战略。

波特模型为企业所在产业进行深入细致的分析提供了有力工具，从而有助于企业了解竞争环境，制定出使企业处于有利竞争地位的战略，也为推动企业战略理论的发展做出了巨大的贡献。但由于时代的变迁、支撑理论的局限性和战略理论的新发展等原因，波特理论的缺陷日益突显。

第一，波特模型重点分析五种竞争力的来源和作用方式，没有充分揭示五种竞争力之间的相互作用方式及其动态演变关系，未能反映企业对五种竞争力的反作用和带来的后果，是一种比较静态的分析方法。第二，波特认为，企业所在产业构成企业外部环境的最关键部分，产业结构影响着竞争规则的确立以及企业竞争战略的选择，产业结构分析是确立竞争战略的基石，没有解释相关产业的竞争模型之间的内在联系和相互影响。第三，没有说明五种竞争者地位的多重性问题，一个竞争者可能在一个竞争模型中充当多个角色，如既是购买者又是供应商，同一个竞争者在不同的竞争模型中也可能充当不同的角色。第四，特别强调产业吸引力，认为决定企业盈利能力的首要和根本因素是产业的吸引力，而五种竞争力决定着一个产业的竞争强度和盈利潜力，过分强调竞争与威胁，未能考虑企业之间的合作。第五，忽略了某些重要的作用力，如 Grove 提出的互补品生产者，Hammer 提出的共同供应商和共同客户等。

4.1.2 波特模型的拓展形式分析

安迪·格鲁夫（Andrew S. Grove）六力模型。Grove（1986）认为波特的五力分析模型忽略了互补品的作用，而将其视为重要的第六种竞争力，由此提出六力模型，突破了产业界限。

项保华和李庆化改进的波特模型。此模型增加了一种竞争力量——互补品生产；改称潜在进入者为潜在竞争者（可能包括已进入行业的供方和买方）；改称威胁和讨价还价为作用力，因为威胁也意味着机会，讨价还价是一个方面，实际上企业与供方和买方是相互作用的；突出了企业与其他各种竞争力量之间的相互作用关系。他们还提出了四个三角形关系：企业与现有竞争者、潜在竞争者之间的互动关系，企业与供方、现有竞争者之间的互动关系，企业与买方、现有竞争者之间的互动关系，企业与替代品生产者、互补品生产者之间的互动关系。他们还探讨了替代品对产业盈利潜力的影响，互补品生产对企业之间的竞争强度和整个产业盈利潜力的影响，互补品与企业的产品之间的相互依赖、相互促进的作用关系。他们根据改进的模型认为，要减弱或抵消各种竞争力量的作用力，企业在条件和时机成熟时，可以通过以下途径来实现：一是兼并收购，实现规模扩张，提高市场支配力；二是实行纵向一体化，摆脱供方或买方的控制，提高企业竞争力；三是建立企业与其他竞争力量之间的合作关系或战略联盟，努力降低风险，减缓竞争压力；四是企业必须高度重视和正确处理与互补品生产者这种竞争力量之间的关系。

吴维库的网络结构模型。在图4-1吴维库提出的模型中，每一个交点都代表一种竞争元素，每一个交点的企业都面临着五个方向的竞争力。新的模型克服了过去行业竞争模型中静态和孤立的特点，使得行业竞争结构分析可以在动态和联系的基础上进行。

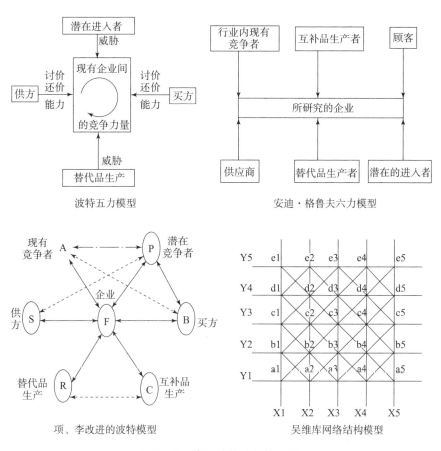

图4-1 产业结构分析模型图

4.1.3 产业竞争结构分析的局限性

第一，市场环境发生了变化，除了竞争对手较为对立外，其他几力都更多地表现为合作。波特把公司放在一系列彼此争斗的竞争力量之间，公司不仅同实际的对手竞争，而且还和它的供应商、顾客以及潜在的竞争者竞争。波特引导我们得出结论，即管理的核心挑战是公司加强其自身针对其供应商、顾客的力量，是找到生存的方式和未来可能的竞争者，目的是保持公司的战略优势并从优势上获得最大限度的利益。但现实并非如此，理查德森在研究了企业间关系后发现，决定企业存在以及市场行为的因素，除了竞争这一制度因素，还有企业内部在与外部环境相比较时拥有的其他企业或者竞争对手所没有的东西，这就把人们的研究视角由竞争引向企业内部的生产要素。在企业间的关系中，生产要素是异质而非均质的，这种资源的异质性决定着企业之间的不同状态，企业间的关系就是竞争和企业资源禀赋不同的产物。当企业发现可以找到共同使用彼此的资源和能力的方法，使彼此都能创造出新的核心竞争力时，企业就会采用合作战略。随着环境变化和技术发展，竞争的含义已经不再是完全意义上的竞争行为（经济学上的零和博弈），而是突出多赢的非零和博弈，即企业主体在社会经济网络中以相互依存为特征的合作关系。

第二，产业竞争结构分析关注的是各方之间的矛盾力量，忽视了矛盾力量背后更深层次的问题。无论是五力还是六力，之所以存在力，是因为节点之间存在资源或信息的流动，企业由对环境的适应转向对环境的利用，因此，研究资源和信息的流动才能更深刻地制定企业战略。

当然，产业结构理论以及理论的拓展给我们研究企业战略提供了有益的线索：一方面，外部环境的结构分析是企业战略研究不可忽视的因素；另一方面，传统制造企业向现代企业组织形式过渡时或转变后，目标企业与现有的竞争者、供应商、分销商/顾客、互补品生产企业的关系仍是影响企业战略的重要因素。

4.2 企业的外部社会网络简述

通常情况下，一个企业会参与到多个网络中，比如行业协会、地域集群网络、产业链网络，以资本为中心的网络，等等。所以，从整体来看，产业与网络是相互交叉的。由于一个产业中的企业可以看成是处于一个由资源、信息和其他物质流构成的网络关系当中，而且这些网络关系对企业的竞争态势与获利能力影响程度比产业结构更大，因此，从网络的角度来进行环境的分析研究，将使我们获得更全面而准确的理解。产业与网络交叉示意图如图4-2所示。

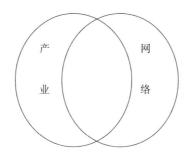

图4-2　产业与网络交叉示意图

从战略上看，网络给公司行动提供了重要的有潜力的通道，因为，公司可以利用网络关系改变产业结构对公司行为的影响，网络给镶嵌于其间的公司提供了高于企业本身能够提供的资源基础。作为一种资源形式，网络有一些独特的优势，例如信任、信息、知识和力量。社会网络也可以转换为其他形式的政治、经济或战略优势或目标，也可以替代或补充其他资源，如利用独特的网络关系弥补财务或人力资本的缺乏。就像资源理论强调的异质性资源那样，公司的网络和资源是有不同特质的，它通过路径依赖而产生。网络不仅为企业创造了信息共享和面对面接触的平台，还提供了企业在集体活动中监督他人行为是否达到预期、发展社会联系与集体认知和抑止"搭便车"的有效机制。因此，网络关系可以根据社会镶嵌和资源获取来解释战略的差异。

4.2.1 网络概述

网络分析必须把两个要素的分析结合起来，一是分析网络本身，二是分析网络中流动的是什么。从现实的社会环境来看，企业的社会网络由政府、竞争对手、供应商、分销商/顾客、互补企业、其他组织（中介/咨询机构、高校研究机构等）不同节点组成（如图4-3所示）。

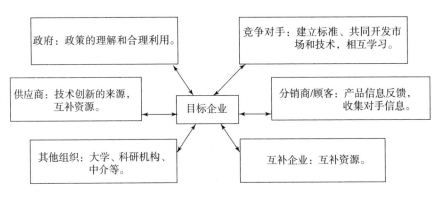

图4-3　企业现实社会网络图

企业-政府纬度。由于我国计划经济的长期运行，政府部门一直扮演着执行权力的角色。过去，国有企业和城市集体企业一直是政府部门的隶属机构，政府部门对当地民营企业也有很强的控制和影响能力。当前，政府履行服务职能已经有了很大进步。企业加强与政府部门的联系，取得它们的信任，一方面可以提高到政府办事的效率；另一方面，可以获得生产经营过程中的政策支持，及时获得政策信息，准确预测政策的发展趋势，以充分运用政策提高企业的竞争优势和战略管理能力。农民企业家吴仁宝曾直言不讳地说："政治优势要为经济建设服务，这一点在华西村从来没有动摇过。"他每天晚上准时收看新闻联播，从中揣测政策风向标。近年来，山东省东营市委、市政府一手抓简政放权，一手抓支持服务，特别是针对企业融资难问题，每季度召开一次金融形势分析会以促进政、银、企合作，与省多家银行签署战略合作协议争取信贷支持，及时采取措施妥善化解个别企业资金风险问题，维护了良好的金融生态环境。建立市级领导干部联系重点企业和机关干部驻企联络制度，市级主要领导联系万达集团，积极为企业排忧解难。为解决企业遇到的困难，市委主要领导同志亲自到中央和省直部门协调争取支持。市委、市政府主要领导带领民营企业外出考察学习，分产业召开座谈会研究转型升级措施，进行企业上市专题辅导，举办新《安全生产法》《环境保护法》专题培训，召开市委工作会议对推动经济转型升级做出部署，使民营企业解放了思想，增强了转换增长动力的自觉性。对45家企业调研结果显示，其中有40家企业通过政府渠道获取信息，占样本总数的88.9%。政府作用调查结果见表4-2。

表4-2 政府作用调查结果（用1~5级表示，"1"为最消极）

类别	北京	上海	沈阳	温州	西安	总计
地方政府作用	3.99	3.61	3.65	3.96	3.81	3.80
地方政府态度	2.31	2.39	2.03	3.27	2.16	2.41
行政干预	1.75	1.63	2.01	1.90	2.27	1.90

亚洲开发银行的中国私营企业调查报告显示，私营企业希望从全国工商联和地方工商联得到帮助的前两项均为政府政策和市场。

从表4-2可以看出，企业认为地方政府作用大，而政府态度不够好，行政干预不受欢迎。企业应有与政府加强交往的空间。

企业-竞争对手纬度。一般来讲，同类企业都是竞争对手，物质资源上往往没有很大的差异。现在的竞争主体都认识到，一味的竞争结局是零和对弈，会导致双方赢利空间的缩小。只有走合作的道路，才能共同维护和做大市场这块"蛋糕"。同类企业之间加强联系，互相信任，才能避免恶性竞争，提高赢利空间。目前，行业协会是同类企业之间培育社会网络的主要形式之一。

企业－供应商纬度。企业与供应商之间的关系一直是企业比较关注的，选择稳定的、一定数量的供应商是企业保持正常运营的关键因素。从调查研究中发现，大多数制造企业的每个产业都有3个左右的供应商，并且关系都较为稳定。特别重要的是，供应商不仅提供原材料或半成品，而且提供全方位的服务，企业往往从供应商处学习到新的知识，熟知客户。所以，企业往往与供应商联手打造命运共同体。

企业－分销商/顾客纬度。顾客是企业的利润来源，也是企业最关注的对象。特别是互联网时代，口碑成为企业发展的重要影响因素。基本上所有企业都设有客户服务部门或人员，并通过提高售后服务水平、增加消费者体验、加强粉丝管理等多种途径，加强与顾客的联系，搜集市场和客户信息，打造企业品牌。开发新客户，维护好与大客户的关系，培育小客户向大客户的转化是构筑社会网络的重点。为了获得稳定的、价廉物美、服务较好的商品，顾客也有依赖于值得信任的企业。

企业－互补品生产企业纬度。企业与互补品生产企业之间是一种共生关系。因此，互补品生产企业是企业在生产经营过程中构筑社会网络的重要对象。除靠签订经营契约和股权等进行合作之外，通过加强与互补品生产企业的社会交往取得互相信任，可以降低企业的交易成本，使企业不需再为"垂直一体化"付出额外的经营成本，减少市场风险。

企业－其他组织或个人纬度。其他社会组织包括学校、研究机构、环保、媒体、中介服务机构等一些组织，企业和高校、科研机构合作开发技术已经成为企业在成长过程中培养自主创新能力的关键渠道。特别是在追求经济可持续发展的今天，环保、媒体也起着越来越大的作用，它们能通过一定的渠道向社会反映企业的形象，有助于树立企业的品牌。中介机构则通过提供信息与企业建立起关系，等等。例如"中国航天事业合作伙伴"企业前前后后已经有几十家，如蒙牛乳业、农夫山泉、科龙集团、中石化长城润滑油、广东凤铝铝业等，其中只有润滑油和铝业等少量的企业业务与航天相关，其他多是借助航天赢得声誉。与强势媒体合作正逐渐向深层次发展，更多地体现为一种战略合作伙伴关系。例如茅台、五粮液等名酒，格力等电器、脑白金等保健品等，不仅在央视做宣传，而且选择节目中最高端的《新闻联播》《焦点访谈》前后，取得空前的成功。再比如经《中国经营报》发布的产品，因为其全国性大报的影响力，使受众更容易将产品和媒体联系在一起，进而认同产品的品质。广州立白集团关爱民生、匡助教育、周济孤贫，热心公益慈善事业，累计为公益慈善事业捐款2个多亿元。最近又精心开发了"HOME +" App作为公益互动平台。所有这些都会在很大程度上提高立白集团及其产品的价值、知名度和美誉度，从而提高公司的总体竞争优势。企业社会网络六节点资源流动简表见表4-3。

表4-3 企业社会网络六节点资源流动简表

类别	政府	同类企业	互补企业	供应商	顾客	其他社会组织
从企业输出的资源	经济发展、就业等	稳定的市场等	互补的资源和市场等	信息反馈、市场等	高质量产品和售后服务	社会责任、信息披露等
向企业输入的资源	市场环境、政策信息和支持等	稳定的市场等	互补的资源和市场等	稳定的原材料、新知识等	市场反馈、顾客忠诚和数量增加等	品牌的提升、人才和技术的获得等

4.2.2 企业外部网络的类型分析

按参与主体的特点和发挥作用不同，可以把企业的外部网络分为政府网络和企业网络。

政府网络。企业在其存在和追求利润上并没有绝对的权利，从事商业和赚取利润的权利取决于企业是否遵守了正当的法律和公共政策。政府网络涉及公司日常业务中政策的涉及程度以及它们对公司差异化发展的贡献，指企业与各级政府和管理机构的垂直关系网络。资源依赖理论对目前我国企业与政府之间的关系具有很好的解释力。该理论认为：作为开放的系统，任何组织都需要从外部环境中或其他组织中获取它所需要的资源。控制资源的一方能够对需求资源的一方制造依赖，资源越重要，越稀缺，越不可替代，控制资源的一方自由裁决权程度越高，需要资源的一方依赖程度就越高。总的来看，企业至少在以下几个方面依赖于政府：第一，政府规制。从执照、许可证的颁发，到工商、税务、技术监督、劳工标准、环境保护等，政府规制影响到每个企业。第二，政府推动。政府的产业政策、地方发展战略可以推动企业发展。如获得"绿色通道"、金融支持等。例如2008年在佛山陶瓷行业开始的一场转型升级，让不少陶瓷企业转产、转移甚至关停。东鹏陶瓷的制造基地转移到佛山之外，但是总部、营销、设计、出口还留在佛山，使得东鹏由过去大型投资设备厂转变到轻资产模式，重点放在品牌、标准化建设以及产品创新上，完成了转型升级。有些企业则通过建立良好的政企关系，力求被列为重点企业，获得优惠性政策。第三，政府影响。包括个人影响和政策影响，主要表现在贷款上。第四，商业机会。政府在基础设施方面的建设、政府采购等为企业创造了商业机会，某些关键资源的获得，如土地等只能通过政企关系提供机会。如百度、阿里巴巴等企业是大数据产业竞争中的强者，在数据资源配置中占有重要地位。2013年11月，百度、阿里等11家企业与国家统计局签署战略合作协议，共同启动"国家统计局大数据合作平台"，实现了市场数据资源与政府的嫁接，一方面使得百度等企业获得了商业机会，带动大数据产业发展，另一方面有

效增加了政府统计部门数据的权威性和公信力,是一个双赢的结果。(来自:《政府与百度阿里等合作启动大数据》)

企业网络。企业间网络节点主要包括同类企业、供应商、顾客和互补企业等。网络模式主要包括以下几种:①外包。外包是指企业将生产或经营过程中的某一个或几个环节交给其他(专门)公司完成。外包的范围可以是产品制造过程外包,也可以是技术开发与支持其他服务活动的外包。目前,服务外包广泛应用于IT服务、人力资源管理、金融、会计、客户服务、研发、产品设计等众多领域,服务层次不断提高,服务附加值明显增大。②虚拟企业。为了母公司的有限目的,由2个或多个公司联合创建的法律意义上的组织,如研发或开发市场等组织。③战略联盟。多方战略控制的契约网络,在战略决策上合作,共享成果。④产业集群。是指集中于一定区域内特定产业的众多具有分工合作关系的不同规模等级的企业,与其发展有关的各种机构、组织等行为主体,通过纵横交错的网络关系紧密联系在一起的空间积聚体,代表着介于市场和等级制之间的一种新的空间经济组织形式。⑤商业生态圈。是"一个介于传统组织形式与市场运作模式之间的组织形态",但它不是一般的企业网络,它强调以企业生态位的思想来看待自己和对待他人。在生态圈中不仅有企业和用户两方,同时存在着多方面的资源。如海尔中央空调生态圈中包含了节能、酒店、医院、商业地产、轨道交通、数据中心、工业地产、连锁商业、小型办公、住宅地产等10类资源。10类资源不再是相互独立的,相反,它们会针对节能减耗、绿色建筑等问题彼此交互,与企业协同创新。

按地域和关系特点可以把网络分为:政府拉动型网络,如高科技园区;市场拉动型网络,如围绕大企业、资本形成的网络;地缘网络,如浙江的集群。

按照抽象的形态结构可以把网络看成是从开放式到闭合式之间的连续统一体(如图4-4所示)。

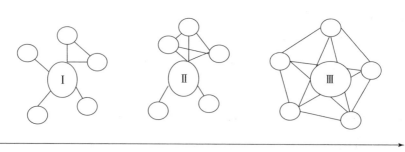

非冗余节点多 → 网络闭合

图 4-4 网络结构抽象图

为了研究方便,我们抹去网络节点的个性,以抽象的形态结构网络作为研究对象。

4.3 企业外部社会网络的运行机制

在社会网络中,流动性是行动者、位置、资源以及规则和程序的特征(林南,2001)。因此,网络运行的核心是网络流,网络流携带着内容丰富的信息和资源,使得网络行动者各取所需,获得共赢。

4.3.1 网络流分析

格兰诺维特(1973、1995)认为,在社会网络中流动的资源可分为信息和影响两类,前者指的是个人可以从网络中得到对自己行动有价值的信息,而后者则指个人可从网络成员那里得到能直接帮助自己达到行动目的的实质帮助。我们认为,企业的网络流应该包括信息和资源两部分。信息是企业外部一般环境的具体反映,有助于企业应对不确定性;资源则是影响企业网络运行效率的实质因素。

4.3.1.1 资源

对于资源的类型,学者们提出了多种分类方法。

最简单的分类就是 Grant(1991)提出的有形资源和无形资源。Barney(1991)则将企业资源分为物质资源、人力资源和组织资源。

Hafer 和 Schendel（1978）认为，企业资源包括金融资源、物质资源、管理资源、人力资源、组织资源和技术资源。

Das 和 Teng（1998）在分析战略联盟过程中不同的管理意图后，将资源分为名声、金融资源、技术资源、物质资源和管理资源等5类。

Miller 和 Shamsie（1996）认为，基于模仿壁垒，所有的资源可分为两大类，即以所有权为基础的资源（Property – Based Resources）和以知识为基础的资源或知识资源（Knowledge – Based Resources）。以所有权为基础的资源包括金融、物质和人力资源等，以知识为基础的资源包括技术诀窍、技能和管理系统等。

以上各种资源分类都有其适用性和局限，由于各种分类方法都有其适用的企业背景和环境，因此不存在统一的适用分类方法，应该根据环境的差异选取不同的分类方法。

在研究网络关系中，要辨别何种资源在网络中流动非常困难。不管是以资源属性分类，如人力、物质等资源，或是由资源用途来分类，如名声或管理等资源，对于网络分析都有不足之处。对于前者，由于资源性质具有不同用途，同一性质资源也可能在不同企业内有不同用途。对于后者，究竟哪些资源可以带来相同的用途，无法通过该分类呈现。因此，我们认为，Miller 和 Shamsie 的分类方式可以避免上述资源分类的局限性，同时也可以显示出网络企业的资源特性，是本研究认为较为适当的资源分类方法。

以所有权为基础的资源包括金融资产、物质资源、人力资源，等等。所有者对这些资源拥有所有权，因此没有所有者的同意，其他人不能拿走它们。因此，以所有权为基础的资源是不容易获得的，无论是专利、合同、商标、版权、注册的设计，还是销售渠道等都是难以替代的。而以知识为基础的资源由于存在知识和信息壁垒因而不容易模仿。隐性的技术诀窍、技能以及不受专利保护的技术和管理系统，都属于这个范畴。除了不可模仿之外，技术和管理资源还具有不可替代性。对先进的技术和管理才能往往难以找到令人满意的替代选择。以所有权为基础的资源有更好的法律保护，而以知识为基础的资源往往会出现不经意的转让。如果其他企业获得进入或接近知识资源的渠道，那么企业就很难将这些资源长久地控制在企业内部。资源特质与分类见表4-4。

表4-4 资源特质与分类一览表

资源特质	资源的类型	
	所有权资源	知识资源
不完全移动	人力资源	组织资源（如组织文化）
不完全模仿	专利、和约、版权、商标及注册设计	专业技术性及管理能力资源
不完全替代	物质资源	专业技术性及管理能力资源

资料来源：Miller和Shamsie（1996），Das和Teng（2000）

4.3.1.2 信息

信息是企业外部宏观环境的反映。在传统的战略分析中，企业的一般环境是非常重要的。通过对其分析，可以理出企业发展面临的机遇和挑战，根据企业内部资源的优势和劣势制定战略。企业外部环境分析，包括政治、经济、社会和技术分析四个方面，简称PEST分析。政治环境对企业的影响具有直接性、难预测性和不可控等特点，这些因素常常制约、影响企业的经营行为，尤其是影响企业较长期的投资行为。企业的经济环境主要由社会经济结构、经济发展水平、经济体制和宏观经济政策等4个要素构成。社会自然环境包括社会环境和自然环境。技术环境分析是要分析与本企业的产品有关的科学技术的现有水平、发展趋势及发展速度，跟踪掌握新技术、新材料、新工艺、新设备，分析对产品生命周期、生产成本以及竞争格局的影响。

我们认为，一般环境的表现形式就是信息，企业对一般环境的认识就是对信息收集和加工处理的结果。

4.3.2 网络的运行分析

Gulati认为，企业间的网络资源推动了企业网络的生成。Dyer认为日益重要的分析单位乃是企业间的关系，并确认了4个组织间竞争优势的可能来源：①关系专属资产（Relation – Specific Assets）。②知识分享例规（Knowledge – Sharing Routines）。③互补性资源/能力（Complementary Resources/Capabilities）。④有效的统治（Effective Governance）。企业的重要资源可拓展企业的边界，这些资源可能镶嵌于企业间的资源与例规中。企业网络资源源于其独特的历史经验或路径依赖过程，其中企业过去与其他企业连接的频率与它的合作伙伴的身份都是非常重要的。

本文认为，网络运行的实质在于以下几个方面：

（1）信息共享。由于网络中信任关系的存在，良好的信息交换机制在企业间也同时建立起来。企业的有机运行，一方面需要广泛的信息，同时还需要精练的信息。信息是编码化的一般环境，它剔除了许多冗余的、无关重要的环境因素。网络就像一个布满小洞的"筛子"，把重要的信息筛选出来，使得环境因素对企业发展的影响更加清晰。信息交换以重要甚至专属信息的交换为特征，是对相关信息的共享，更具开放性。在实践中，信息交换可能涉及宏观环境信息、产品的早期研发信息、成本信息、共同讨论未来产品的发展计划以及合作制定预期的供给和需求储备等。

随着信息技术的不断发展以及企业对质量要求的不断提高，企业越来越希望获得更广泛的信息来源。因为，获得更多的信息能够提高产品的质量，根据产业政策和顾客需求推出新产品、开发新市场。许多学者的研究也认为信息交换是网络关系的重要特征和功能。通过信息共享，交易双方对彼此的行为和结果会有更深刻的理解。开放的信息共享（反映在综合的谈判中）越多，越容易达成理想的合作结果。在封闭的市场中，失败的可能性增加。免费交换机密信息是关系交易的主要特征，这也是企业间关系强化的基础，同时，开放的信息共享也增强了企业间承担义务的能力。例如山东广饶的大王镇十多家集团公司，每个月都召开一次"一把手"会议，相互交流管理经验和市场信息，每家企业都根据合理的渠道获得了政策支持，并把自己的产品推向了细分市场。

（2）资源互补。很显然，企业的所有权资源是有限的，交易成本的存在决定了企业的边界。企业所拥有的资源类型、数量、质量以及相互间的比例和匹配关系很难完全满足企业发展的需要，完全运用自身资源建立核心能力不太可能，不同的企业拥有的资源有较大的差异而表现出互补性，通过网络可以快速地获得互补资源，使一些企业内部无法产生的资源不为己所有，但可为己所用，产生了规模和范围经济效应，降低了交易成本。网络通过增强信息传播，把不同的逻辑思维和信息结合起来，作用于互补的资源，使它们维持着持续创新的状态。所以，可以认为企业间的网络通过资源互补改善了企业的资源构成，并培育了创新的条件。

（3）资源协同。传统的市场交易中，资源的流动是一些相互不发生关系的线性物质流的叠加，由此造成进入系统的物质流远远大于内部相互交流的物质流，造成经济活动的高投入、低利用。网络就像一个进化的高级技术市场构造，从不同的层面对资源进行加工，特别是，它们创造了错综复杂的网络平台，而参与各方又保持着相互独立的地位。在信任的基础上，企业间以互联的方式进行资源交换，最大限度地利用进入系统的资源和信息，一是使资源在经济体系内多次循环利用，二是使企业各自的冗余资源得到利用；尤其是网络中镶嵌的隐性知识、规范，对企业的行为产生综合影响，从而使网络成员的群体绩效大于各行动者个体绩效的总和，产生战略和文化的协同优势、成本优势、差异优势。如通过统一的采购协同，节省了买卖双方的交易成本，同时，作为整体的网络企业在采购谈判中可获得更多的价格空间。集群基础上的网络由于地理集聚和产业集中的特点，企业在销售力量、销售渠道、销售物流等方面可以广泛协同，此外销售知识、技能、经验等同样具有了迁移性，销售物流也具有了仓储协同、运输协同、配送协同等特点。通过资源的广泛协同，获得了不增加内部资源就可以获得的规模效应。

从深层次上来看，网络参与者进行信息共享、利用互补资源、取得资源的协同作用的过程就是一个相互学习的过程，同时也是一个知识联网的过程。美国的萨维奇（Charles M. Savage）1996 年发表了《第五代管理——通过建立虚拟企业、动态团队协作和知识联网来共同创造财富》，书中指出知识联网是指通过不断变化的、互利的方式联合各个企业的知识、经验、才干、技巧、能力以及抱负的过程。知识是促进组织学习的必要成分。知识创造形成于流动和进化的群落内而不是静止和僵化的群落内，创新不仅来自企业内部，而且常常来自企业和大学、研究机构、供应商及顾客之间的关系。正如 Von Hippel（1998）所提出的，技巧的交易需要建立关系，交易各方在这个关系网络内部用共享的思想进行交流。在我们的调研中，90% 以上的企业把伙伴看成是重要的学习对象，认为创新在很大程度上是学习对方的结果。

4.4　企业外部网络运行、创新与企业绩效的关系分析

网络的运行就是网络行动者不断协商解决问题的过程。一是与市场交易不同，网络关系提供了协商解决问题的机制。争端解决机制可以通过采用协商、惯例、相互谅解等灵活的方法解决争端，在我们的调研中，共有 41 家企业认为可以通过友好协商解决交易争端，占样本总数的 91%。通过调研，我们还发现很多企业与供应商之间已经是不同寻常的合作关系，契约不完备的风险由于网络伙伴关系而大大降低。一旦企业间建立起了信任和信息交换机制，它们也会在伙伴需要

帮助时伸出援助之手。管理者都认为这种社会关系往往对企业的发展起到至关重要的作用。例如温州一些地域的中小企业网络建立了互助基金，供临时出现财务危机的参与者使用。二是充分利用互补资源，获得异质互动。三是资源的协同，获得同质互动。四是给相互学习提供了平台，特别是在网络中，协商解决问题的机制可以提高企业在市场中的竞争力，增强了企业的学习能力和创新能力。总之，通过相互协商解决问题这一机制，促使网络企业高效化运转，在产品上、市场上和管理上获得了更多的创新。

4.4.1 组织学习与创新的关系分析

许多学者一致认为组织的创新是一个新的理念或行动的采用（Wood，1998；Damanpour，1988，1991），创新可能是一个新的产品、新的服务、新的技术或一种新的管理方法。在当前激烈的竞争和更加不确定性的环境下，为了长远可持续发展，组织的创新越来越重要。Stata（1989）指出组织学习是产生管理创新的主要程序，并提出个人和组织学习的速度将成为唯一可持续的竞争优势的观点。我们把组织学习与创新视为社会网络影响企业绩效的中间变量，而创新分为技术创新和管理创新，二者对组织绩效产生综合的效果。

根据学者对组织学习的诠释，组织学习有几个重要观点：组织学习是一种改进的程序，可以提高例行性工作效率和改进技术；也是一种改进的结果，是组织知识的累计，可以让组织调整以适应环境的改变。许多学者研究了外部伙伴关系对公司创新的潜在贡献，公司间技术交织互动对公司创新的积极影响得到了普遍支持。Foster（1986）Mckee（1992）等通过深入分析指出，不同的组织学习形态会导致不同的创新形态（如图4-5所示），提出单圈学习只会导致增量的创新，不连续的创新则需要双圈学习才能够达成。从网络角度看，网络关系更容易产生双圈学习的环境。总之，组织学习是组织维持创新的主要因素。

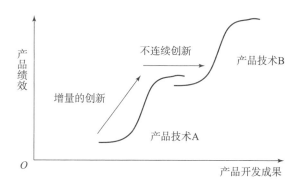

图 4-5 产品创新学习曲线

资料来源：Mckee (1992)

4.4.1.1 组织间学习与技术创新

企业技术创新是企业整合创新资源进行创新的过程，企业技术创新资源包括专业化人才、资金、信息、公共服务，等等。由于网络内企业互相了解、信任，企业之间相互筹措技术创新资金比较容易，而成本分担对企业创新则是一种激励。网络关系便捷了企业间的人员流动与非正式交流，为组织内部及不同组织之间的隐含经验类知识准确地传递与扩散提供了基础条件，从而有利于提高技术创新速度。网络各企业间的各种密切的关系，又使得在开展技术创新的活动中，能够在整个网络范围内进行资源整合和优势互补，获取技术创新的规模经济效益。网络内技术扩散是一种溢出效应，引起的企业技术创新都是其他区域内无法相比的。因此，技术开发的复杂性使企业自己单独开发越来越困难，甚至不可能。目前，企业新技术多数是由企业与大学、科研机构和伙伴企业共同进行研发的，通过组织学习，将新知识、新技术消化吸收，使自身技术开发能力得到提高。熊比特指出，"创新不是孤立事件，并且不在时间上均匀地分布，而是相反，它们趋于群集，或者说成簇地发生，这仅仅是因为在成功的创新之后，首先是一些、接着是大多数企业会步其后尘。其次，创新甚至不是随机地均匀分布于整个经济系统，而倾向集中于某些部门及其邻近部门"。

4.4.1.2 组织间学习与管理创新

管理创新包括用人管理创新和组织管理创新,事实证明,企业的管理都是学习的结果,管理的创新方法也都是建立在伙伴间交流和对伙伴的模仿之中,例如对人的激励、对组织结构的设计和调整,从表面上看,通过各种媒体可以获得启示,但深层次的管理变革却需要在与关系伙伴的交往学习过程中才能体会得到。比如华为基本法、海尔文化,所有企业都能通过媒体学习,但学习不到其实质,只有通过和它们保持长期的、稳定的交易关系和合作关系,才能获得其精神实质,从而促进自身的管理创新。网络运行过程和结果如图4-6所示。

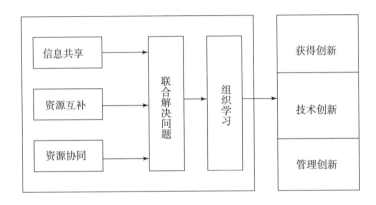

图4-6 网络运行过程和结果

4.4.2 创新与企业绩效的关系分析

面临激烈的竞争与不确定的市场环境,组织为了求生存与成长,创新已经变得越来越重要。在组织创新领域的研究中,许多产业领域的实证研究都一致地指出创新与企业绩效有正向且直接的关系。如Damanpour 和 Evan(1984)在公共事业中的验证;Zahra, de Belardine 和 Boxx(1988)在制造业的验证;Subramanian 和 Nilakanta(1996)在服务业的验证;林义屏(2001)在台湾高新技术企业的验证;谢洪明(2005)在我国华南地区企业的验证;李显君(2018)

对汽车企业的实证等。在本研究调查的 45 家企业中也发现了创新同企业绩效间正向的相关关系。

4.5 企业外部社会网络结构对网络运行的影响分析

研究者已经发现，在同一网络中，不同企业的绩效表现不同；网络的结构特征，如网络密度、核心位置和周边位置等都会影响网络运行，从而影响企业的获利能力。本研究主要考察网络中心性对网络运行输出机制的影响。

4.5.1 网络密度对网络运行的影响分析

网络密度一般包括网络的规模、网络连接的程度。研究者认为，网络密度影响网络节点对资源的摄取。一般认为，网络规模越大，信息和资源越广泛，对网络参与者越有利；同时网络规模大，弱关系存在较多，结构洞较多，网络企业的机会越多。对于网络密度，一般认为，网络密度大，即企业间交流多，相互学习和提供帮助的动力大，有利于创新。

4.5.2 中心性对网络运行的影响分析

中心性是衡量网络位置的重要概念，网络位置对于节点的行为和收益有重大影响。许多学者对此指标的测量进行了研究并提出了方法，由于网络的复杂性，很难有一个统一的方法来测量。前面一章已经介绍了用中心度衡量中心性的定量方法，但由于企业的社会网络十分复杂，尤其对于规模比较大的企业，直接节点就很多，更不用说间接节点了。因此，本文认为，资源、信息通过目标企业与网络节点的直接关系传递最容易、最有效，所以可以用直接关系来计算中心度。企业的中心度是指企业直接关系网络中目标企业的联系占所有联系的比例，如网络内有 N 个节点，与目标企业有联系的个数为 N_i，则中心度为 $N_i/(N-1)$。

对于不同的网络，中心性也可以通过定性的方法来认识，如行业协会网络中，理事单位属于中心度高的节点；地域协会网络中，常务单位属于中心度高的节点；以资本为中心的网络中，银行的董事单位属于中心度高的节点。很显然，目标企业的中心性越高，网络流越丰富，企业创新的机会越多。根据中心性特征，笔者在调研中设计了 3 个问题来反映目标企业的中心度：①与同类企业相比，与贵公司有联系的组织数量。②与同类企业相比，与贵公司有联系的组织的广泛性。③在关系伙伴或行业协会中，贵公司的影响力。本研究设计了 1~5 级李克特量表计算中心度，一般统计结果见表 4-5：

表 4-5 中心度量表统计概要

样本量	最小值	最大值	平均值	标准差
45	1.67	5.00	3.658 7	0.814 73

注：对于回收的问卷，本文进行了信度分析，得到的 Alpha 值是 0.911，由此可见问卷的信度比较好。

根据对 45 家企业问卷调查分析，目标企业中心度与创新的相关关系见表 4-6：

表 4-6 中心度和创新的相关关系

指标		创新	中心度
创新	皮尔森相关系数	1	0.588**
	显著性（双侧）		0.000
	样本量	45	45
中心度	皮尔森相关系数	0.588**	1
	显著性（双侧）	0.000	
	样本量	45	45

**. 相关系数在 0.01 水平上显著（双侧）。

从上面分析结果可知，目标企业在网络中的中心度与创新能力显著相关。中心度之所以影响企业创新能力，主要在于：

第一,中心度影响网络资源的获取。对于网络参与者而言,不同的网络位置代表着不同的接近资源的机会,这些资源特别是知识资源对开发新的产品或创新设想非常关键。一个组织的网络位置代表着它接近外部信息和知识的能力,通过占据一个网络的中心位置,公司可以容易地获取知识、技巧等战略资源,这些资源通过提供能够催生新创意的关键外部信息而促进公司的创新行为。同时,网络的中心位置代表着众多网络参与者的信任,这种信任使企业较容易获得合作机会,发展关系专属资产,达到借用资源的目的。知识等资源在组织中的分配是不均衡的,知识的传播尤其困难,因此,公司占据一个中心位置从其联盟伙伴那里获取知识非常重要。研究显示,网络是知识的来源地,因为它可以提供有利的知识来源渠道。在生物技术企业的研究中,Powell 等人(1996)验证了当一个产业的知识广泛分布和快速变化时,创新发生在公司间的合作中而不是公司内部,他们发现业绩好的企业比那些业绩差的企业拥有更多样化的联盟网络。中心性企业可以使自己处于一个信息丰富的位置,不同网络位置的企业从合作中获益的能力不同,网络中信息的传递受网络中每个参与者位置的影响,因此,网络中心性是影响网络流的关键因素,而占据一个中心位置的企业更容易创新。Powell 认为,公司间的合作能够促进技术创新,组织学习过程中网络联系充当信息的渠道,因此,网络中心性能够促进创新是网络合作的结果。

第二,中心度影响组织学习。组织学习是网络位置之间相互作用的一个社会建构过程。一个组织的网络位置反映着它接近外部信息和知识的能力,通过占据网络的中心位置,行动者可以较容易地接近它所需要的战略资源,如信息、技巧等。这些资源能够促进技术创新和组织学习,因为,公司可以通过把自身知识存量和这些资源整合在一起开发新的知识。Cohen 和 Levinthal(1990)认为,知识的积累可以增强组织认知新想法的能力和把知识转化为进一步创新技术的能力,因此，越是居于网络的中心位置，其把知识转化为创新技术的能力越强。Tushman和Anderson（1986）认为，公司具有沿着技术轨道增加创新的信息加工路径依赖性，创新活动需要的背景知识是需要培育的，如果公司有坚实的知识基础，新的创意就会被更有效地吸收。此外，组织内知识的积累和创新是相互增强的一个循环，有大量知识积累的企业更容易有机会追求创新，这种机会又反过来促进知识的积累，更接近中心的企业能够积累更多的知识。

企业在网络中的位置影响其接近、加工信息的能力，能够影响其在网络中其他企业（甚至是没有直接联系的企业）眼中的形象和吸引力。来自网络中心性的信息优势在网络分析中是循环的，根据一些社会认知研究，中心的行动者是整个网络的典型代表，中心的企业有一个较大的智力平台，使它们有更多的合作机会，从而降低合作的不确定性。因此，一个企业越是靠近网络中心，它就越容易获得网络中的关于潜在伙伴的信息，更重要的是，中心企业能够有更多的机会从网络中其他中心企业处获得信息，也增加了与其他企业合作研究的机会，并从多个研究项目中获益。从下面的案例可以看出企业中心性的影响。江淮汽车与一汽、二汽、上汽等大企业集团相比，处于边缘的地位。像江淮这样的地方国有汽车企业，在一直没有国家投资的情况下，如果当初不是身处边缘，而在核心位置与那些大企业集团正面竞争，生产轿车就一定会败下阵来。它们选择了做客车底盘，把自己所有的资源和精力集中于此，在客车底盘领域谋求到了中心地位，迅速在这个领域做成了全国第一，而且保持第一的优势达10年之久。凭借其所涉足领域的核心领导地位，连续14年销售收入保持50%的递增速度，积累了殷实的家底。（江淮汽车在效益快速增长时并没有进入轿车领域，而是选择了重卡这个相对边缘的领域，因为，在这个领域它同样可以做到网络的中心位置，依赖这个位置可以动员周围的资源，安全实施自己的战略目标）中心性对网络运行影响分析见表 4-7。

表 4-7 中心性对网络运行影响分析简表

中心度	网络流		
	信息流	资源流	
		以所有权为基础的资源	以知识为基础的资源
高	多而精	利用能力强	知识转为创新的能力强
低	少而泛	利用能力弱	知识转为创新的能力弱

4.6 企业外部社会网络关系对网络运行的影响分析

网络的关系特征，如关系的强度和关系的性质都会影响到网络中企业的行为与经营业绩。Galaskewic 和 Zaheer（1999）的研究表明，企业间的强关系比弱关系更容易导致寡头合谋的出现。Khanna, Gulati 和 Nohria（1998）的研究表明，企业间联系的本质可以是合作的也可能是机会主义的，联系的本质为产业内各组织的相互关系趋向良性还是趋向敌对奠定了基调。

4.6.1 网络关系的类型分析

网络关系按照不同的标准可以有不同的分类。按照交换的形态与内涵可以分为市场关系和社会关系，市场关系是基于实质资源交易的关系，这里所说的资源，是指企业内部的有形资源以及无形资源与能力的统称。由于企业往往只能经营产业价值链中的一个或一段业务，因此，要依赖与外部环境的互动进行资源交换。企业要想产生并保持竞争优势，必须获得以技术和能力为主的知识资源，这些资源如无法自内部产生，必须从外部获取，由于知识的内隐性和模糊性，不容易通过市场进行交易，因此网络是最有效的安排。而社会关系是基于人际交往的关系，通过社会互动，进行潜在利益的交换。这些潜在利益可能来自以下途径：在信息流动不完全的情形下，企业可以通过社会关系网络获得较多、及时和品种较好的市场信息，发现潜在市场机会或避免可能的风险；通过社会关系的建立，企业在关系网络中取得较强权威，有利于公司间互惠行为的发生，可能出现一方在另一方的同意下，借用对方资源。社会资本的观点认为，企业间网络关系所内含的信任和共同规范等因素，是企业合作的基础。因此，企业间社会关系互动的品质将影响其社会资本的多少，进而影响企业的经营绩效。

按照关系的来源可以分为先赋性关系和形成性关系，先赋性关系是企业进入经济活动之前就存在的先天性关系，主要指企业家的个人关系（如血缘、地缘、亲缘带来的关系）或企业与投资方的关系；而形成性关系是在企业行动过程中培养出的关系。网络关系分类见表4-8。

表4-8 网络关系分类

分类标准	
属性	来源
市场关系和社会关系	先赋性关系和形成性关系

4.6.2 先赋性关系对网络运行的影响分析

在企业发展初期，关系禀赋与资源禀赋的作用都至关重要。一汽轿车于1997年注册成立，依托大股东中国一汽集团的优势网络——这个先赋性关系网络，迅速取得了规模优势。对于一些乡镇企业，以村镇和家族等为主建立起来的各种特殊关系作为非正式组织及由此而形成的非正式制度，对企业发展有着巨大影响。如在东营市广饶大王镇，发展起了十多家企业集团，在发展过程中村镇和家族关系起到了非常重要的作用。从相互拆借资金，到共同申请政府政策支持，到企业内部管理，都渗透着非正式因素，企业等级结构与命令机制的功能由个人权威和家族权威所替代。万达集团的总裁认为，在企业发展初期，家族关系管理有很多优点，由于相互信任，导致管理费用低，风险低、效率高等。

4.6.3 形成性关系（强弱关系）对网络运行的影响分析

形成性关系，是指企业在经济和社会交往中形成的关系。网络各方在最初可能主要是以合作关系或交换关系为基础而联系起来的，但随着交易互动的增加，这些市场性关系会逐渐演变为社会性的人际关系。这种社会性关系又反过来对企业的生产、经营和发展产生作用。按照联系的强度，我们将其分为强关系和弱关系。强弱关系是相对而言的，它们构成了关系的连续统一体（如图4-7）。Granovetter列举了区别强弱关系的四个因素：互动的频率与次数、情感强度、亲密程度和互惠程度。强关系是指组织间连接的时间、感情投入和亲密程度、相互信任都较强，反之则为弱关系。

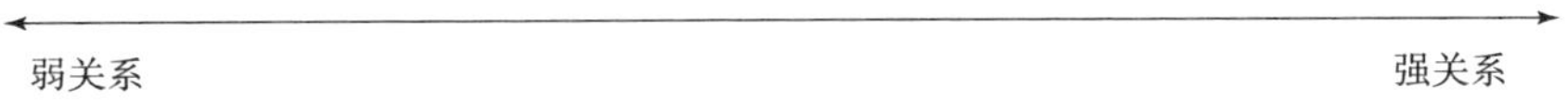

弱关系　　　　　　　　　　　　　　　　　　　　　　　　强关系

图4-7　强弱关系示意图

心理学家费斯廷格（Festinger）、沙赫特（Schachter）等通过对个人间的信息流的研究，认为人际信息的交流受关系力度影响，从网络观点看，强关系能够增强网络参与者间的信任，使他们产生合作和分享信息的愿望。中国社会秩序的构成基础不像美国社会那样，它的基础在于强关系网络而不在于弱关系网络。对于中国社会，这种强关系网络建立具有两个不同的基础：第一个基础是中国人际关系取向的传统行为模式；第二个基础在于中国人所处的缝隙经济文化中正式机构常常不可靠，因而导致非正式的信任机制发挥作用。

一般认为，网络关系的持续时间和互动频率是两个增强或限制公司接近信息、资源的能力因素。Schrader（1991）研究指出，当企业对于是否帮助同一产业内其他公司做出决策时，对那些公司的熟悉时间长度是一个重要的考虑因素。交往时间长度之所以重要，是因为网络中的成员需要时间来建立信任和可靠性，这些信任和可靠性来自与其他成员的大量互动。由于没有时间建立一个好的信任记录,联盟网络中新的伙伴会发现他们在获取网络中的信息时受到了限制。例如信义集团的老总介绍公司与原材料供应商基本上都有合作多年的历史,发生过的唯一一次被骗的经历就是和一个陌生公司"打交道",这增强了他们与长期合作伙伴继续交易的愿望,而在选择新的合作伙伴时要求更加苛刻。

研究发现,频繁的重复交易中合作行为多,部分原因在于大家在重复交易中赢得了互惠。互惠是一种能够给伙伴提供利益,又能从伙伴处较早获益的行为(Powell,1990)。互惠能够降低行为的不确定性,给网络伙伴提供分享信息的自信心。在网络中,与同一伙伴重复联盟、有较高的互动频率是互惠行为的标志;同时,频繁的交易强化了嵌入的潜规则的控制作用,能够促进和增加网络成员间的信任。网络成员间的信任,会导致网络中更广泛的信息分享,强化了隐性知识或者技术的转移。

创新要依赖网络节点间的紧密关系,因为,创新更多是靠节点间无形资源的交换,特别是相互学习而获得。紧密关系能促进资源传递,特别是内隐和复杂知识的传递。Bourdieu 认为,社会资本来自持续的、长久的社会关系,需要时间和精力的投入,相对于较远的关系,人们更愿意给较近关系的对象提供信息、诀窍和援助。弱关系可以给行动者提供接近所缺资源的机会,而强关系有更大的动力提供资源帮助(Granovetter,1983)。Nohria 认为,紧密的契约更愿意支持和鼓励创新活动,从而给企业提供把想法转变为现实的自信心。

为了验证关系强度与创新之间的关系,我们设计了三个问题反映目标企业在网络中的关系度:①与关键伙伴合作的时间。②与关键伙伴交流的频率。③与关键伙伴继续合作的可能性。按照 1~5 级李克特量表设计了关系度量表,对关系度的一般统计结果见表 4-9。

表 4-9 关系度量表统计概要

指标	样本量	最小值	最大值	平均值	标准差
关系度	45	1.00	5.00	3.6142	0.88147
有效样本量	45				

得到的关系度与企业创新的相关关系见表 4-10。

表 4-10 关系度与创新相关关系

指标		创新	关系度
创新	皮尔森相关系数	1	0.655**
	显著性（双侧）		0.000
	样本量	45	45
关系度	皮尔森相关系数	0.655**	1
	显著性（双侧）	0.000	
	样本量	45	45

**. 相关系数在 0.01 水平上显著（双侧）。

根据 45 家企业调查问卷得到的结论是企业间关系强度和企业创新之间有着显著的相关关系。总的来看，网络节点给目标企业提供了接近优势信息的潜在机会，这些信息在企业内部不能得到，而强关系在决定优势信息获得中扮演着重要角色，拥有强关系的网络伙伴更有动力去援助和更容易有用处。换句话说，两个人之间的关系越近，他们之间交换的信息越多，因此，伙伴间关系越强，它们更能及时和可靠地接近对方的信息和知识。缄默知识的无形性、难以度量性和外部性，使得知识拥有者和需求者在缺乏信任的前提下无法进行有效的交易，因此，关系越紧密，缄默知识的共享动力越大，网络流被目标企业利用的程度越深。紧密关系提高了参与者的创新机会，从而促进公司绩效。关系对网络运行影响分析见表 4-11。

表 4-11　关系对网络运行影响分析简表

指标	内容	网络流	
关系	信息流	资源流	
		所有权资源	知识资源
强	少而精	利用能力强	知识转为创新的能力强
弱	多而泛	利用能力弱	知识转为创新的能力弱

从上面的论述可知，企业在网络中的中心性和关系强度影响着它对周围节点的资源利用。一方面，处于中心位置和拥有较强关系的目标企业可以有力运用节点的所有权资源，即关系专属资产，获得互补资源；另一方面，可以通过学习，吸收知识，提高创新能力。总的来看，中心性较高、与重要节点有着较强关系对于企业的创新影响较大。通过对相关资料回归分析，我们得到中心度和关系度对企业创新的贡献度，见表 4-12、图 4-8、表 4-13、图 4-9。

表 4-12　回归分析

模型		非标准化系数		标准化系数	t 值	显著性
		回归系数	标准误差	回归系数		
1	（常数项）	1.629	0.405		4.028	0.000
	中心度	0.265	0.131	0.290	2.030	0.049
	关系度	0.400	0.121	0.473	3.307	0.002

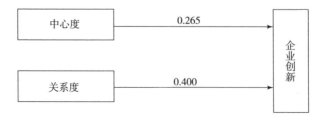

图 4-8　中心性、关系强度影响网络运行示意图

表 4-13　模型概述表

模型	R系数	R平方	调整后R方	误差项标准差	标准化变化值				
					R方变化值	F变化值	自变度1	自变度2	标准化F变化值
1	0.693[a]	0.480	0.456	0.549 52	0.480	19.420	2	42	0.000

a. 预测变量（常数）：关系度，中心度。

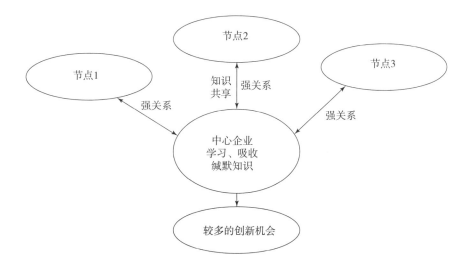

图 4-9　企业通过外部网络获取创新原理图

4.7　企业外部社会网络的进化简析

企业的网络不是静止的，是动态发展的。从企业成长过程来看，企业的外部网络一般要经历弱势的不对称网络阶段、对称网络阶段和强势的不对称网络三个阶段。所谓弱势的不对称阶段，即目标企业处于网络的外围层，很难参与或影响到网络的整体规则并分到利益，只是一个规则的遵守者。但这一阶段又是企业很难逾越的，进入一个网络可以使企业赢得名声、获得渠道，并通过学习提高创新能力。对称的网络即企业处于网络中间层，对网络的付出和收获基本相当。强势的网络即企业处于核心层，控制网络并从网络获取最大利益。

4.8 企业外部社会网络关系维持机制分析

为什么公司之间，尤其是竞争对手之间可以采用网络关系进行合作？这是因为有一些特殊的机制以维持由网络参与者所产生的关系租金，除了降低交易成本、获得互补资源以外，还有以下几个机制：

（1）因果模糊性。企业核心竞争力是通过长期的积累而形成的具有因果模糊性的东西，"只可意会不可言传"。公司之间发展关系进行学习是有效的应对方法。

（2）时间压缩不经济。发展伙伴关系是因为时间的压缩不经济所造成的，就是说企业的一些关键能力（主要指区别于他人的不易模仿的盈利能力）必须通过积累来获得，这种能力不可能很快地被发展出来，也不可能在市场上买卖。

（3）组织间资产的相互联结。组织间资产的相互联结来自以前相关的特定投资和现在的资产相互联结，相关资产跨越了组织的边界，使得参与者关注关系。例如 Nissan 和它的供应商合作共同发展卡车用的座椅等，这是一个累积（滚雪球）效应。

（4）伙伴稀少性。通过关系获得优势通常取决于企业是否能找到拥有互补的战略资源的伙伴。较晚进入市场的企业，在寻找具有互补性战略资源的潜在合作伙伴时，可能会面临其合作伙伴已和其他企业建立联盟的情况。以进入国外市场为例，仅有少数的当地企业拥有当地的市场知识、合约与所需的销售网络，这些企业有助于国外企业进入当地市场。谁先与拥有互补性资源的企业建立联盟，谁就取得首占优势，而那些较晚进入该市场的企业就处于被动地位。拥有必要的互补性资源与关系能力的潜在联盟伙伴非常稀少，所以联盟关系的建立难以模仿，这种机制主要的启示在于：企业如能快速地确认并与那些拥有互补性资源的企业结盟，就能拥有首占优势。

（5）资源不可分割性。伙伴双方会结合彼此的资源或共同发展能力，造成资源的特殊性与不可分割性。如富士 - 施乐公司在生产复印机等设备过程中，合资双方的资源已经不可分割；维萨（VISA）并不是普通意义上的公司，它拥有 20 000 名投资人，他们之间同时是"顾客、供应商兼竞争对手"的关系，在"建立世界第一大价值交换体系"的目标定位下，他们已经难以分割。其意义在于：伙伴的资源与能力随着时间的演进有所发展与改变，限制了每个企业控制与重新配置资源的能力。

（6）制度环境。制度环境（如有效的制度、规则或社会控制）可以支持与促成交易伙伴双方间的信任，有助于关系租的产生。举例来说，为数众多的学者认为日本的交易者比美国交易者有更低的交易成本，因此能产生关系租。日本的企业在产生关系租方面比较成功，部分原因是国家特定的制度环境有助于商誉信任与共同运作。其他国家的合作企业之所以无法复制日本联盟伙伴产生较低交易成本的能力，是因为其无法复制日本的制度环境。

4.9　本章小结

本章在借鉴波特等产业结构理论的基础上提出了企业社会网络六力模型，对六个子网络资源流动机制做了阐述，然后抹去了网络节点的特殊性，从一般意义上探讨了企业外部网络的运行机制，即网络流（信息和资源）的运动。论文采纳了前人的以所有权为基础的资源和以知识为基础的资源的资源分类方法，从信息共享、资源互补、资源协调和共同学习四个层面论述了网络的运行，提出网络节点间共同解决问题和相互学习给企业创新提供了条件，通过 SRN 模型分析得出了高的中心性和与关键节点的强关系等能够提高企业创新机会的结论。

第5章　企业内部社会网络分析

对于企业内部分析，资源理论一直占主导地位。随着企业内部网络化的趋势加强，仅仅分析企业拥有的战略资源和核心能力尚显不足；把资源转变为有竞争性的产品和服务，内部网络运行效率至关重要。本章利用企业社会网络分析 SRN 模型对企业内部环境进行分析，探讨企业内部网络运行机制和内部网络作用输出机制。

5.1　资源理论的核心思想及借鉴

资源理论认为，企业在市场上的经营活动以及竞争优势来自其所拥有之资源，资源基础理论强调企业资源的异质性与不易流动性，即当企业所拥有的资源具有价值高、稀少以及不易模仿的特性时，其在经营活动上具有较大的弹性与竞争优势。Prahalad 和 Gary Hamel 首先提出了核心竞争力的概念，他们认为核心竞争力就是"组织中的累计性学识，特别是关于如何协调不同的生产技能和有机整合多种技能的学识"。这个概念中的关键词是"collective；learning"，由此可以看出，培育核心能力的基础是社会资本。Teece 等提出了动态能力之说，他们认为具有有限动态能力的企业，不能培养竞争优势并使竞争优势的来源适应时间的发展，企业最终会失去其生存的基础。而具备很强动态能力的企业，能够使它们的资源和能力随时间变化而改变，并且能利用新的市场机会来创造竞争优势的新源泉。企业的动态能力体现在技术活动和管理活动中，企业的战略资源正是通过员工的技术活动和管理者的管理活动才变为增值的产品和服务，这种技术和管理的互动效率正要依赖于内部结构的网络化以及促进网络运行的社会资本。资源理论给我们提供了竞争优势来源于战略资源和动态能力的基础，而通过网络理论则可以探讨企业内部运行的效率——企业内部网络特征对企业战略资源和能力转化为竞争优势的影响。

企业拥有一定的资源是必要的，但关键要看企业所能利用的资源数量和利用资源的方式和效率；企业拥有一定的核心能力是必要的，但关键是要寻找到差距，寻找到未来正确的发展方向。因此，必须在正确的战略指导下，最大限度地使用资源和能力。尽管每个企业都拥有某些资源，而只有其中的战略资源才能够为企业战略构建做出显著贡献。但是，战略资源只是企业创造竞争优势的必要而非充分条件，战略资源只有通过整合以产品或服务的形式才能体现价值，而内部社会资本是决定资源转化为产品效率的主要因素。

企业的生产运营的实质是各网络节点、部门或个人之间资源流动的过程，企业提供的产品或服务的质量决定于企业内部网络内流动的资源以及这些资源流动的效率。

5.2 企业内部网络流分析

5.2.1 网络流简析

我们仍然按照以前的分类将企业资源分为以所有权为基础的资源和以知识为基础的资源。并非所有的资源都能形成企业的竞争优势，企业的竞争优势是建立在企业拥有的一系列特殊资源和这些资源的使用方式上，从竞争战略的角度上看，战略资源才能形成企业的竞争优势。一般来讲，企业的战略资源需具备几个特性：价值性、稀缺性、难模仿等。所以，从以所有权为基础的资源和以知识为基础的资源分类来看，战略资源主要由以知识为基础的资源和以所有权为基础的资源中的专利、商标、人力资源等组成。

从企业的运行看，网络流主要包括以下几个流向：

信息向下流动：组织的使命；衡量绩效的方法；组织运作的信息。

信息向上流动：关于经营结果和绩效水平的商业信息；员工关于如何提高和改变组织效率的观点和建议；员工关于组织如何运作、待遇以及组织文化和组织环境观点的信息。

信息横向流动：组织运作信息和一些改进意见。

信息交叉流动：在企业文化约束下不同层次员工的多方面交流。

5.2.2 网络流的效率分析

企业拥有战略资源，只是具备了形成竞争优势的基础，能否形成有竞争优势的产品和服务，还要分析网络流动的效率。一个企业是否能比另一个企业更有效率地利用组织的所有权资源，依赖于企业为组织的知识资源载体——人提供和谐的交流平台。组织结构特征、组织内部关系显然是影响网络流动效率的主要因素。

5.3 企业内部网络的运行机制分析

企业能够提供有竞争力的产品或服务，主要在于通过员工共同对企业的战略资源整合，使资源得到增值。员工之间的互动与协同越充分，资源整合得就越彻底，产品或服务的质量就越高。

知识的互动。知识管理的目标在于运用知识提高组织的生产和创新能力，知识持续不断地创新是组织持续性竞争优势的来源。知识的创造来自人际互动，只有通过组织成员之间的交流才能促使创新知识的产生。因此，在知识经济时代，知识分享成为知识创新和提高管理效率的关键因素之一。

知识一般分为外显知识和内隐知识。外显知识的表现是语言、文字、符号等形式，容易在短期内进行传播和学习。而内隐知识是以隐喻、假设等非形式化的方式表现，比较抽象，需要通过长期的观察、模仿和学习才能转移（Nonaka 和 Takeuchi，1995）。内隐知识恰恰是企业竞争优势的主要来源。在企业内部，知识分享是一个学习的过程，是知识拥有者愿意传授和知识缺乏者积极学习从而互动的过程。知识转化分析简表见表 5 – 1。

表 5 – 1 知识转化分析简表

知识特征	外显	内隐
外显	联合化	内化
内隐	外化	社会化

内隐知识只有少数人掌握，这些个人知识经过传递、交流和互动才能更大限度地促进企业发展。Davenport 和 Prusak（1998）指出，影响组织知识分享的关键成功因素来自两个方面：一是速度，二是深度。组织内部的知识分享，首先需要传播速度。缺少冗余性的弱关系连接由于联系广泛且不重复而有助于知识传播的速度，但由于弱关系下的信任度不高，联系深度不够，从而影响知识分享的深度。当需要分享的知识是明确具体的外显知识时，松散的网络模式可以提高传播的速度与广度；当知识的属性是模糊、不确定的内隐知识时，紧密的网络连接传送才可以增进分享的深度。

随着组织内部网络化的发展，组织内部跨部门工作越来越多，组织成员非正式的交流成为解决日常业务中存在问题的重要途径。员工在此过程中，可以发现新的机会和获取新知识。组织内部既有正式的工作咨询网络，如会议、文件传递等，也有非正式的咨询、情报和信任网络。接近新知识需要好的网络，不同部门、不同员工具有的网络位置代表着他们接近新知识的机会，中心性高的部门和员工与较多部门和员工有联系，常能接近较丰富的知识资源。

内部学习。企业作为由个人和团体如班组、车间、部门等的集合体，学习活动广泛地存在于各个层级之中。个人是最基本的学习单位。理论基础、工作内容和人际关系的差距有可能影响知识的交流效率。学习型组织的目标是，在组织整体范围内实现知识的交融与更新，使学习超越小团体的范围，使新知识快速有效地传播到组织的每一部分。知识只有为尽量多的人所掌握，才可能形成巨大的动力，促进企业的成长。组织内促进知识扩散的方法有许多种：报告、参观、岗位轮换、垂直型学习小组，知识传播过程中强调反应速度，它需要有效的分权以及执行中对组织惯性的克服。我国企业的管理人员由于素质普遍偏低，其经营观念、管理方法与手段都难以适应复杂、多变环境下的有机战略管理模式的要求，因此，应该加强对他们的培养，而学习无疑是最重要的一个手段。另一方面，通常情况下，不管是个体还是组织，都因为惯性和习惯的束缚，常常在需要进行变革时处境危难。为了克服组织惯性，组织需要不断学习，只有通过学习组织才能够具有适应性，才能够具备变革的能力，才能够加快战略反应的速度。对于集团公司来讲，总部要成功地促进公司的创造性学习，应该具备以下能力：开放性的和从公司内部及外部环境中学习的能力；各事业部之间相互学习的能力。总部通过创造出学习产生的适当条件来促进各事业部之间的学习。做到这一点需要以总部的目标蓝图为基础，并促成适当关系的建立，包括组织结构、信息流、正式和非正式的沟通体系、共享的价值观、行为和处理基础，以及正式的规范化控制体系。

资源的协同。企业内部资源的协同，有各部门之间的业务协同、不同的业务指标和目标之间的协同以及各种资源约束的协同，这些资源协同产生了"1+1>2"的结果,显示出了组织集体力量大于个人力量的效应。

总的来看,组织文化和组织结构特点,知识传播者的动机,知识来源和知识接受者的激励和动机,特别是部门、员工之间的信任等构成了知识分享和共同学习的影响因素。不同部门、员工、管理者之间在信任基础上相互进行信息传递,共同完成企业计划,进而影响日常管理效率。显然,内部网络运行得好意味着组织信息传递流畅,知识互动深刻,资源协同彻底,从而使企业表现出更高的日常生产经营运行效率,同时,对外部知识吸收能力增强,取得创新成果的基础也随之加强。内部网络运行和结果如图5-1所示。

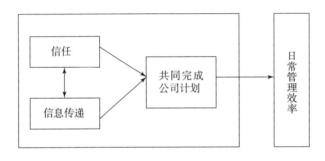

图5-1 内部网络运行过程和结果

5.4 组织结构对网络运行的影响分析

严格说来,企业的内部结构已经不是严格的科层制。传统企业的结构是在科层基础上的网络化;现代企业的结构则是网络化基础上含有科层的成分。因此,我们可以把企业的内部结构看成一个由科层到网络的连续统一体(如图5-2所示),企业的组织结构多数处于严格的科层和网络中间。

科层化 ←————————————————————→ 网络化

图5-2 企业内部结构特征示意图

5.4.1 科层制组织结构对网络运行的影响分析

科层制度由传统组织理论的代表人德国社会学家韦伯提出,他认为组织是一个阶层结构,特点如下:①明确规定的职权等级制度;②专业化的分工;③明确的规章制度;④程序无情感因素;⑤技术是提升的基础;⑥法定的程序系统;⑦管理权与所有权分离。在具体运行上,上级对下级有很强的主宰力,沟通必须经过上下级关系层层传递,不得擅自超越职权(Webber,1958)。信息技术的迅猛发展使社会各层面的活动量显著增加,"知识流"大大加速。时间的压力要求组织做出快速反应和决策以保持企业的竞争力,传统的等级制严重地阻碍了这种反应和决策,降低了网络流的效率。

5.4.2 扁平化组织结构对网络运行的影响分析

扁平化的网络式组织,层级较少而功能较专,各种内部作业整合成任务小组式的单位,随时可以独立出去单独作业,也随时能够为了新的商机而整合新的功能小组进组织内,共同执行新的任务。这种组织是动态的,可塑性高,适应性强,易于调整结构以吸收外部的资源,所以特别能够适应多变的环境。企业从集权化到分权化,从科层制到扁平化,从法律、制度控制到社会控制与分享愿景的"思想控制",从机械式的功能部门组合到有机式的工作团队组合,这些变化对于内部网络流的影响是显而易见的。在内部网络中,组织是按照任务组织起来的结构安排,而不是按照层级。在管理中,既强调等级,更强调协调。企业可以通过正式组织和非正式组织的交织作用,将企业所面临的众多分散的信息资源加以整合利用,并利用互联网进行网络化的管理,从而实现迅速而准确的决策。

从图 5-3 可以看出,扁平化的企业和科层化企业在结构上有很大的不同,扁平化条件下节点之间的交流路径最短。因此,组织越是扁平化,网络流速越快,效率越高。惠普公司(HP)虽然是信息产业中和 IBM 鼎足而立的大公司，但 20 世纪 80 年代末，也在内部扁平化上急起直追（Zell，1997），打造了有机性的扁平组织。同样设计一项新产品，它比 IBM 少了 8 层管理关卡，结果新产品源源而出，因此，到 20 世纪末，惠普的市场总值从 IBM 的 1/10 跃升成为 IBM 的 2/3。

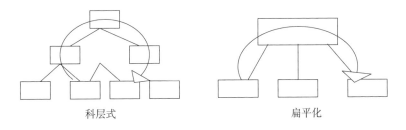

图 5-3　组织结构影响网络流比较

5.5　企业内部关系对网络运行的影响分析

5.5.1　员工间合作对网络运行的影响分析

员工交流渠道既有正式组织的安排，也有非正式组织的安排，正式组织的运行主要靠权威、命令指挥，在这种安排下员工之间交流以外显知识为主。内隐知识的无形性、难以度量性和外部性，使得知识拥有者和需求者在缺乏信任的前提下无法进行有效的交易。知识拥有者把有价值的内隐知识转移到共享平台，是相信对方会给予自己"等量"的回报，任何心理契约违背都是内隐知识转移的障碍。非正式组织下的交流是基于信任基础上的情感、友谊等，是内隐知识的交流和相互学习的重要渠道。因此，员工间信任关系能够促进合作与创新，信任度越高，网络流效率越高。

5.5.2　员工与管理者之间的满意度对网络运行的影响分析

就一个企业而言，管理者与被管理的员工之间关系也是影响内部网络流流动的重要因素。对许多企业来说，拥有熟练劳动力是一种竞争优势。但与资本不同，员工的知识和技能并不为企业所有，谁雇用了这些劳动力，他们的技能就为谁所用。但是，公司内部社会资本水平还会影响员工技能的提高和应用。如果员工没有被动员或者组织系统没有发挥正确作用，员工的才智就不会充分发挥。良好的相互协作关系可以促进企业内部稳定、员工的主动交流和工作配合，避免消极怠工造成信息阻塞和资源整合不彻底。两者之间的满意度高，网络资源流就快速、充分，否则相反。像沃尔玛、雅芳、IBM、宝洁等，都有自己的员工关系经理，专门负责做好员工关系管理工作，使企业管理和业务运作效率大幅提升，从而让企业保持持续的竞争优势。

5.5.3 企业家精神对网络运行的影响分析

熊彼特认为创新是"企业家对生产要素的新组合"，因此，创新精神是企业家精神的核心内容，企业家精神是内部网络流的重要因素。中国企业家调查系统（CESS）"2005·中国企业经营者问卷跟踪调查"结果显示，经营者个人学习能力与企业的组织学习能力之间呈显著的正相关关系，企业家的创新能力强，则网络流流动的速度越快，深度越深，这是因为，企业家除了靠正式权威支配资源分配外，还对员工和部门相互学习有着明显的示范和带动作用。企业家精神在中国万达集团创业之初发挥了重要作用，体现在三个方面：首先是确立了行业进入的方向、方式，实现了"进得去"的最低目标；其次是充分利用亲情、乡情、地缘优势等资源，在几乎一穷二白的情况下，整合有限的资源并创造性地加以运用，形成了公司发展的合力；最后是具有战略远见，在进入行业不久就进行了前瞻性的行业选择和规划。

5.5.4 企业文化对网络运行的影响分析

如果各部门、员工不能参与知识分享，对于组织的知识吸收、创新、积累和维持都是很大的阻碍。比较普遍的现象是，企业在引导知识性活动上，主要通过网络科技层面，如网络办公、会议等方式，对于内部的非正式交流、互动和学习等方面还很欠缺,实际上,知识分享通过社会层面交往进行更加重要。这就需要通过企业文化形成一种无形力量,营造内部互信,打造内部交流平台。华为"工号文化"包含了员工的工龄、所在部门以及职务等级等相关信息,相互不熟悉的员工之间通过工号建立"下尊上、新尊老"的文化氛围。华为还实行股权激励制度,员工根据工龄获得一定数量的股份。工号在前面的员工获得的股权更大,因此,华为"工号文化"侧面反映出员工在华为所拥有股权的多少。华为的"压强文化"充分利用"翁格玛丽效应",对员工进行一系列充分的心理暗示和授权,使员工发挥巨大的创造性。内部网络结构、关系影响机理如图5-4所示。

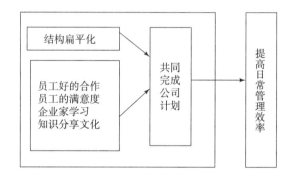

图5-4　内部网络结构、关系影响机理

5.6　本章小结

本章在借鉴资源理论的基础上,提出战略资源是企业创造竞争优势的必要而非充分条件,战略资源只有通过整合以产品或服务的形式才能体现价值;企业的生产运营的实质是各网络节点、部门或个人之间资源流动的过程,内部社会资本是决定资源通过整合转化为产品效率的主要因素。通过SRN模型对内部网络进行了分析,阐明了内部结构扁平化和良好的内部关系可以促进内部网络流的效率,并进而促进日常管理效率。

第6章 网络杠杆理论与企业持续竞争优势

企业的发展往往受限于内生资源的不足,或者说,企业要想赢得持续竞争优势,必须突破企业边界寻求可利用的资源。哈默和普拉哈拉德研究的本田挑战通用汽车、美国有线电视新闻国际公司(CNN)挑战哥伦比亚广播公司(CBS)、索尼挑战美国广播唱片公司(RCA)的案例就是很好的佐证。在20年前,这些受到挑战的大企业,都拥有良好的名声、雄厚的资本、坚实的科技基础、广大的市场占有率、强大的营销能力等,而前面这些挑战者的战略意图大大超过它们自身拥有的资源和能力。但最后本田、CNN、索尼等都成功了。其原因就是这些企业利用资源杠杆的作用,缩小了企业资源与战略意图的差距,在市场上击败了对手。本章利用前面两章的研究结论,探讨内、外部网络相互作用的机理,提出网络杠杆理论,对其含义和机理进行分析;探索企业网络杠杆对企业维持竞争优势的影响。

6.1 影响企业竞争优势的因素分析

6.1.1 资源理论的竞争优势观

竞争优势的来源一直是战略学者关心的问题,不同学者有着不同的观点(见表6-1)。总的来看,有两种经典的观点,一种是内部资源观,一种是外部结构观。从最近一些年的研究状况来看,内部资源观受到了普遍重视,相关研究也愈来愈深入。

资源理论认为企业是否形成竞争优势,取决于其内部资源和能力的积累。Hofer和Schendel(1978)认为竞争优势是一个组织通过其资源的调配而获得的相对于竞争对手的独特性市场位势。Barney认为当一个企业能够实施某种价值创造性战略而其他任何现有和潜在的竞争者不能同时实施时,就可以说该企业拥有竞争优势。能力理论对资源理论做出了发展,提出企业的竞争优势来自企业所拥有的核心能力。由资源和能力理论可以把竞争优势的来源归结于企业所拥有的资源和整合资源的能力,我们称其为内部资源力。企业要维持竞争优势,可以通过提升企业的内部资源力来实现,而内部资源力的效用发挥水平在很大程度上受到其对外部资源利用的影响。外部资源利用得好,可以放大内部资源力的效用;利用得差,则会降低内部资源力的效用。

表6-1 竞争优势定义和来源简表

来源	定义
贾费尔、欣德尔(1978)	竞争优势是企业组织通过各个活动领域与资源展开之决策,而发展出相对于竞争者之独特或有利的地位
波特(1980)	企业在产业中相对于竞争者而言,长期拥有之独特且优越的竞争地位。这种独特且优越的竞争地位表现在外的就是高于平均水准的市场占有率或获利能力,其三种一般性策略方法:①全面成功领导。②差异化。③集中化
巴科斯、特里西(1986)	信息科技的运用可以产生四项竞争优势来源:①改善作业的效率与效能。②开发组织间的综效,发展跨组织合作。③利用信息技术帮助产品创新。④获得议价优势
巴尼(1991)	在执行创造价值的策略时,致使其他竞争者退出或者相对于采取相同策略的厂商具有较佳的执行能力。可以从满足顾客需求的角度,并从下列三个构面来观察:①成本优势。②差异化。③大量顾客化

续表

来源	定义
司徒达贤 （1995）	竞争优势分为两类： 策略形态类：指竞争优势是因所创造出的品质特色或成本、对来源或交易对象的掌握、垂直整合程度之取舍、规模经济、地理涵盖的范围等造成。 非策略形态类：因独特能力、独占力、时机、财力、综效、关系等外在因素而存在

6.1.2 创新是企业维持竞争优势的重要途径

国内外学者的研究表明，企业的某种竞争优势本身的发挥一般都会经历三个连续的阶段，即形成、维持和消散。竞争优势的拥有者最多只能在竞争对手展开反击前的短暂时间内利用这种竞争优势获得超额收益。但是，随着现在市场竞争的加剧，每一种竞争优势必将逐步消散，而且周期会越来越短。因此，企业的核心资源刚性和环境的不确定性是影响企业维持竞争优势的重要障碍，而创新是克服这两项障碍的有力途径。

随着速度经济时代的到来，信息的获取变得更加容易，技术更新速度加快，消费者需求日益多元化，期限也越来越短。企业的许多战略和资源处于模仿者和革新者的强烈冲击之下，企业再也不能通过传统的隔离机制保持单一的竞争优势。由此，学者们提出了核心刚性的概念，认为企业的有形、无形资产和人力资本存在刚性，由于路径依赖的原因，企业核心能力表现出刚性，不利于应对不确定性环境。并提出不断创新是克服核心能力刚性、保持核心能力柔性的主要措施。

环境的不确定性是指"市场交易环境变化的不可预测性"，其来源主要有供应商、顾客、竞争者、管理机构以及金融市场等。企业环境充满着不确定性，并且是不断变化的。特别是20世纪下半期以来，环境的变化加快，表现在经济全球化、社会信息化、知识经济、竞争压力越来越大，等等。面临环境的变化、特别是结构性变化时，企业必须做出反应。企业往往要根据不确定性环境来决定采用何种治理机制以应对市场竞争。当企业的经营环境难以预测时，企业往往更加依赖企业的网络关系来进行经营。网络关系提高了企业应对环境变化的能力和经营活动的弹性。因为，企业所需的资源来自网络，而不是自己生产，这一方面降低了企业的经营风险，同时，又会使企业获得价格适宜、质量可靠的后勤支持。几乎所有的企业都认识到，随着技术进步速度的不断加快，很多技术或者配件自己研发可能不如从市场中购买方便，因为，自己研发面临很大的风险，而市场为它们提供了价格更便宜、质量更有保障的零配件支持。实际上，市场上存在大量的供应商，这导致供应商的讨价还价权利并没有想象中的那么大。并且，许多供应商和购买者经过长期的交换关系，已经形成了很好的合作关系，从而成为企业社会网络的重要成员，为企业在经营和发展过程中降低环境的不确定性对经营活动的影响提供了重要的保障。但是构筑一个好的、不断良性发展的网络，自己拥有核心技术或核心产品，并不断创新是必要条件，否则，很难对其他组织形成吸引力。所以，创新也是企业应对不确定性的重要因素。

Peter Moran（2005）在前人研究的基础上提炼出了衡量管理工作的两项基本指标，执行日常任务指向的绩效和创新指向的绩效，指出这两项指标是企业战略目标的关键。我们借鉴这个思想，提出企业的战略目标可以分为两个重要的影响因素：一是日常管理的内部运行效率；一是外部网络带来的创新机会。这两个因素并非是独立的，而是相互依赖、相互促进的；日常管理是创新的基础，外部网络提供的创新机会要通过内部日常管理变为现实成果。正是这两个因素的相互作用使企业获得持续竞争优势。

6.2 企业社会网络流的特性分析

6.2.1 内部网络流的特性分析

根据前面对于企业内部网络的分析，我们可以总结出内部网络流的三个特性：刚性、对外依赖性和可控性。

刚性。前面我们已经论述了企业内部以所有权为基础的资源和以知识为基础的资源对企业发展的作用，那就是以知识为基础的资源对以所有权为基础的资源进行整合加工，使之成为产品和服务。一般来讲，以所有权为基础的资源是指有形资产和人力资本。有形资产因为其专用性，特别是一些机器设备和厂房等一旦投资形成就不能转为其他的用途。假如一个企业的核心能力是建立在其先进的生产设备之上，一旦因为技术进步或者设备更新，企业将会失去原有的竞争优势。而且，机器设备和厂房是和特定产品的生产制造联系在一起的，经营或市场发生变动，则意味着这些机器设备完全失去作用。像前面一章所论述的，惯例式日常管理的正常运行主要靠内部网络，日常管理惯例是企业多年形成的模式，部门之间、上下级之间、员工之间的信息传递、合作方式、参与生产经营的心智模式等都具有强烈的惯性，这种惯性也是刚性的表现。此外，企业文化是企业生产经营和管理活动背后的深层次价值观念，也具有很强的刚性。

对外依赖性。内部网络流运动的效率只解决了内部运行问题，把产品和服务输送到市场变现，特别是通过产品创新获得利润的过程是充分利用外部网络的过程。内部网络的运行只解决了产品生产问题，至于产品转化为公司利润，还要通过市场检验。如果产品和服务直接通过市场交易，则核心资源就等值地体现出其价值。如果通过网络交易，则核心资源的效用就得到了一定程度的放大。因此，可以说企业内部网络对外部网络有着强烈的依赖性。

可控性。内部网络流在很大程度上受行政权威关系支配，因此，内部网络资源的分配基本上是能够控制的，战略目标一旦确定，基本上可以按设定目标进行内部资源分配，使资源承诺得到兑现。

6.2.2　外部网络流的特性分析

根据企业外部网络的分析，我们可以总结提炼出外部网络流的特性：柔性、可借用性、不完全可控性和创新性。

柔性。网络节点保持着各自的独立性，一般来说，企业内部网络流由于科层制的行政约束显得过于刚性；市场中的交易关系松散，加上不确定性环境显得无序，而网络关系约束下的网络流既可保证网络内节点选择性吸收信息、借用资源，又防止了被"锁定"在固定的关系中。此外，网络节点是动态的，不断进化，使镶嵌的资源表现出柔性。这种网络流的柔性既保证了战略伙伴间的同一性，又保证了企业间的相对独立性。同时，这种柔性为企业间交互式的学习和创新提供了良好的条件，网络更大程度地促进了各种信息和资源的流动速率，为企业提供了安全、充分的交易和交流平台，增强了在市场中难以交易的新知识的传播和学习。

可借用性。网络内节点是相互独立的经济实体，相互之间没有隶属关系，这决定了它们经营的灵活性。网络内资源不为哪一家专属，而是一定意义上的"公共产品"。但不同企业利用公共资源的能力有区别。获取资源的途径是借用（表面上的）和学习（深层的）。

不完全可控性。外部网络资源不为任何一家企业独自专享，对网络资源的依赖存在一定的风险。企业要借助在网络中的地位和影响来支配网络资源，使网络流朝有利于自身发展的方向进行配置，企业的网络位置越有利，调度网络资源的能力越强，在战略承诺资源方面风险越小。

创新性。从前面的论述可知，外部网络的资源流分为所有权资源流和知识资源流。所有权资源流主要给企业提供关系专属资产，使价值链整合成为可能，获取竞争优势。更为重要的是企业通过网络进行学习，有利于获取创新的机会。内部网络流的刚性使得企业维持竞争优势很难，唯一的解决办法就是不断地提升核心竞争力，这就需要不断地创新。

6.2.3 企业社会网络流决定企业创新

根据前面对外部网络和内部网络运行机制的论述和内外网络流特性的分析，可以总结出外部网络运行状况决定企业创新机会，内部网络运行状况决定企业日常管理效率 – 创新的内部基础，内外网络流相互作用共同决定企业的创新能力，从而决定着企业的未来发展（如图6-1所示）。Zaheer和Bell（2005）指出，企业的创新能力来自两个方面：一是企业拥有的内部特征（包括研发能力、团队、沟通结构和文化）；二是好的网络位置。这与我们的研究不谋而合。

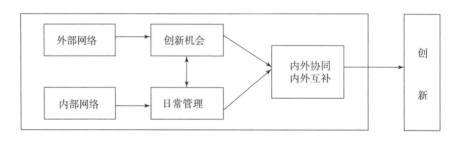

图6-1 内外网络作用图

6.3 企业的网络杠杆概念的提出

6.3.1 财务杠杆和战略杠杆简析

从应用物理学中的杠杆原理可知，人们使用杠杆的目的是借助于它的机械效益来放大施加在杠杆另一端的动力,使之克服作用在另一端的阻力。杠杆原理最先应用在管理学的财务管理领域,财务杠杆效应就是指通过举债筹资的方式来增加自有资金收益的现象,简单地说,就是以小搏大。

在 M. Brandenburger 和 Barry J. Nalebuff 的文章《竞和策略》和 James F. Moore 的文章《竞争的消亡》影响下,形成了战略杠杆学派（John Hagel III 和 John Seely Brown,2005）。他们认为,战略应该更多地集中于发动企业外部的资源以获得竞争杠杆的机会,而较少集中于企业的内部能力。他们认为,经理人通过调整,可以发挥超越他们个体企业的更广阔的网络资源的杠杆作用,从而创造竞争优势。根据战略杠杆学派的观点,竞争优势的获取越来越依赖于商业生态系统或者整个价值网的集体运转能力。美国 SLC 咨询公司的主管、芝加哥大学的兼职教授 M. 莱里（M. Lele）把战略杠杆运作解释为"一个公司通过认识它在产业结构中的自由度以及决定着这个自由度的关键竞争因素,寻求改变其竞争地位乃至改变产业结构的战略运作"。他提出企业经过努力可以改变产业结构施加给它的约束条件的观点,说明了企业的竞争地位不是根据规模和经济实力的大小预先排定的结果,而是一系列战略行为导致的结果。

6.3.2 网络杠杆的提出

企业成长可以分解为注重内部资源能力提升和注重外部资源规模扩张两种途径。极端地看,企业可以在外部资源规模不扩大的情况下通过内部资源能力提升而成长,也可以在内部资源能力不提高的情况下进行外部资源规模扩张式的成长,但通常成长应是这两种途径共同作用的结果,而且不论成长过程多么复杂,理论上都可以将过程持续划小到能区分出这两种途径。如图 6-2 所示,体现在成长的表现方面,可以推断:途径 1~2 代表了企业首先注重内在成长,途径 3~4 则代表了企业首先追求外在网络。

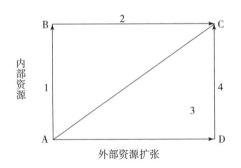

图 6-2 企业成长的途径图

从理论上看，相对于外部资源，企业的内部资源投入就像企业的固定成本，因为有这个固定成本的存在，使得杠杆效应存在成为可能。像企业借入资金一样，目标企业从网络节点借入资源，利用义务的承诺为此付出成本，与财务杠杆是同样的道理。由于资源因素复杂，不是像财务资金那样单一的元素，所以，不宜用定量的公式进行计算和说明，但这种杠杆式作用显然是存在的。特别是，外部网络非单一企业所有，但可以为所有企业所用。外部网络可以推动创新，创新给企业带来的绩效是乘数效应的，是杠杆性的。一汽老总竺延风认为，近些年，一汽每年产品的70%是创新取得的，销售收入从2000年的400亿元到2004年的1000多亿元，也缘于不断创新。对于一汽来说，老产品主要是摊销成本，效益主要来源于新产品。从实践上看，许多企业家已经认识到了外部网络的杠杆效应。例如万科企业股份有限公司董事长、中城房网首任轮值主席王石把网络比作一根优质的杠杆。这根杠杆将这端的开发商和那端庞大的消费者群体有效地联系了起来，同时赋予开发商四两拨千斤的能力。王石这里所说的网络是"中城房网"，一个房地产开发商自发组织的策略联盟。中城房网的成立就是为了努力创造多赢的局面，避免你死我活式的竞争。从横向看，发展商之间建立联盟，便于实现信息共享，统一采购，降低成本，联合培训，进行人才储备。从纵向看，在产业链之间建立联盟，然后"联盟"可以进一步拓展，包括与资产管理公司、银行甚至更多其他行业建立伙伴关系。因此，中城房网从实践上是企业的社会网络，打造这个优质杠杆给参与者带来更大的利益已经成为其成员的一致目标。

传统的战略理论都把企业作为一个独立自治的原子式实体，用个体研究方法解释企业的行为和绩效。但在网络经济的今天，经济活动的全球化加速，组织网络化凸显，企业信息化不断推进，企业与外部环境的边界变得越来越模糊，企业的生产经营活动日趋复杂，任何企业都已不可能完全孤立地获取长期利益，必须与不同组织和企业进行合作，形成各种社会关系来获取发展和交换各种知识、信息和其他资源，这些错综复杂的相互合作竞争的关系组成一个网络，具有长期性和战略意义。因此，我们认为，战略杠杆在解释企业寻求竞争优势时比传统的战略理论更近乎合理，但在解释作用过程时还不太清晰。据此，我们提出网络杠杆的概念。所谓网络杠杆，就是企业利用外部网络资源、放大内部资源动力来为企业增加竞争优势，以更好地实现企业目标的战略运作模式。如图6-3所示，杠杆右端代表企业的内部资源，左端代表企业可以获取的竞争态势，力臂代表企业的社会网络，支点代表企业运用网络资源的能力。从图中可以看出，企业要获取较好的竞争优势，主要途径有三条：第一，内部资源提升。第二，使支点向左移动，即提高企业运用网络资源的能力，支配更多的网络资源。第三，既提升内部资源，又提高企业运用网络资源的能力。第二和第三种都关系到网络杠杆的作用，而且较仅提升内部资源这一途径更有益于企业竞争优势的获取。企业如能够把握好内部资源和外部资源的匹配，使网络杠杆发挥良好作用，就可以获得持续竞争优势。

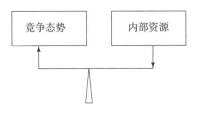

图 6-3 网络杠杆

网络杠杆分类：

按照网络理论，所有的公司都镶嵌于它们合作增值、共享市场的一个或多个网络中，没有公司足够大到可以自我独立发展。任何一个企业赢得竞争优势，必须通过外部网络的综合作用才能实现。依据企业运用网络资源的能力不同，我们把网络杠杆分为三类（如图6-4所示）：第一种，费力杠杆代表着企业运用网络资源的能力差，网络中的不利因素大于有利因素，企业将以较大的内部资源才能换取竞争优势，换句话说，在相同的内部条件下，企业只能处于竞争劣势。企业在发展初期一般处于这种状态。第二种，零作用杠杆代表着企业运用网络资源的能力处于平均水平，网络中的有利因素等同于不利因素，在相同的内部条件下，企业只能获取平均意义上的竞争态势。第三种，省力杠杆代表着企业运用网络资源的能力强，网络中的有利因素大于不利因素，在相同的内部条件下，企业将获取较好的竞争优势，也就是企业能够控制网络中的资源为我所用，赢得积极的网络杠杆效应。企业要赢得竞争优势，获得可持续发展，就要构建省力杠杆。

图 6-4 网络杠杆分类图

6.4 网络杠杆的作用机制分析

从传统的战略观来看，外部环境使企业面临着机遇和挑战，企业应该根据自身优劣势应对外界环境。实际上，企业生存的外部网络不仅是企业正常经营必不可少的条件，也是一项重要的战略资源。企业社会网络中的结构、连接特征和成员都是战略资源（Gulati，1999）。构建网络不是具有相同或不同资源的企业为了降低交易成本的简单的配对游戏，而是合作者为了长期资源交换投资于关系的契约，合作者要投资在学习和适应上直到网络产生顺利交易机制。同时，网络使企业扩大了接触外围信息的体积，增强了应对外部不确定性的柔性。因此，通过网络管理，企业可以利用或吸纳外部资源，为顾客创造更多的价值。根据前面的论述，网络杠杆的要素包括杠杆力臂，即企业的外部社会网络；杠杆支点，即目标企业在网络中的中心性和关系度；杠杆动力，即企业内部资源力。下面分别探讨三种要素的作用途径和整个杠杆的运行机理。

6.4.1 杠杆力臂——社会网络的作用途径

众多学者普遍认为社会资本是衡量企业所镶嵌网络质量的概念，林南（2001）提出了社会资本的三种构成形式：嵌入社会结构中的资源、资源的可获得性和对这些资源的使用。但许多学者认为第三种构成形式只不过是社会资本的结果。在我们提出的杠杆模型中，用网络力臂表示企业外部网络的质量，即嵌入社会结构中的信息和资源。

一是外部资源被吸纳（知识资源）。Hoskisson 等众多学者认为，知识是企业获得竞争优势的关键性的资源。企业主要是通过与网络参与者的交流，吸收网络中的知识资源，促进自身资源的积累，提高创新的机会。许多学者认为组织间的学习是竞争性成功的关键，并指出组织通常借着与其他组织合作来学习（Powell 等，1996），如 Von

Hippel（1988）发现在一些产业中（如科学仪器）三分之二的创新能力来自顾客的原始建议或想法。在其他产业（如电线末端设备）主要的创新可追溯到供货商。Von Hippel 主张在使用者、供货商和制造商之间具有较好的知识转移机制的生产网络，将能促使缺乏有效知识分享的生产网络"出现创新（out innovation）"。同样，Powell 等人（1996）发现在生化科技产业的创新归属是网络而非个别公司，专利权是由一群为不同组织工作的个体所提出，包括生化科技公司、制药公司和学校，Powell 等人（1996）研究认为科技公司如果不能建立（或自我定位）学习网络就会缺乏竞争优势。例如华为公司一方面在国内和海外设有多个研究机构；另一方面与行业中主要公司（IBM 和德国国家技术研究院等）合作，同主要的客户和大学从事研究合作，在合作中充分吸收伙伴的知识，大大提高了创新能力。长安通过与国际汽车公司广泛合作，在管理上迈上了更高的台阶，学会了汽车开发流程，实现了从制造一辆汽车到创造一辆汽车的转变，21 世纪初一年能同时开发七八个新产品，开发产品周期也由四年多缩短为 33 个月。同时，还借助于国际零部件公司等配套企业的战略合作平台，利用国外零部件企业在华建立的合资合作关系，重点提升自己的系统集成和匹配能力。在美国硅谷、我国中关村等企业集聚地，由于位置的接近有利于社会资本的形成，所以，企业对以知识资源为主体的外部资源的吸收和内化现象更为普遍。

二是外部资源被借用（所有权资源）。"借用"的方法主要是发展关系专属资产，Dyer（1996）通过实证研究，发现在汽车制造商和他们的供货商间，特定关系的投资和绩效之间有正向的关系。另外，Sxenia（1994）发现惠普（HP）和其他硅谷厂商利用和供货商发展长期的伙伴来大幅地改善绩效，大多数的高科技产业尤其需要密切的合作以面对快速变化的、复杂的技术。也有许多的学者指出通过特定关系的投资将可以促进组织间的合作和协调。与供应商建立良好关系，从而学习供应商的创新做法；与重要客户分担新产品开发风险；从其他企业或地区借用资源（如很多跨国公司利用发展中国家的廉价的物质资源和人力资源，以降低运营成本）；参与国际性的企业战略联盟，以享受税赋上的好处等可看作是对所有权资源的借用。不管采用哪一种方式，目的都是一样，即借用公司以外的资源，帮助公司内部资源做更有效的杠杆运用。"借入"其他公司的资源是一种积累和以杠杆方式运用资源的方法。借入涉及的不仅是获得合作者的技术技能，而且是使那些技术技能内部化。内部化通常是一种更有效地兼并整体公司的方法。在兼并中，既要对其想要的关键技术支付费用，又要对已有的技术支付费用。这样，文化统一及政策协调的成本和问题会比在网络联盟中表现得更大。"借入"能成倍扩大的不只是技术资源，还可从下游合作伙伴那里借入流通渠道及市场份额，以便杠杆运用内部开发力量及降低市场风险。山东移动与山东联通在2001—2003年期间，双方在通信光缆、传输管道建设等方面开展了广泛合作，如山东联通向山东移动出租长途光缆3 600芯公里，实现了资源共享；双方还联合建设了长途、本地传输管线500多公里，既加快了通信建设步伐，又节约了建设成本，提升了网络通信能力。

三是信息被有效过滤。由于宏观环境复杂且信息传播路径多、传播意图差异化等原因，导致反映宏观环境的信息十分庞杂、多向流动、错误信息多等，影响企业的决策。网络互动加大了对信息的处理广度和深度，经过外部网络的一层过滤，目标企业获得的信息更加准确，从而有效指导企业决策，有针对性地应对外界不确定性。

6.4.2 杠杆的支点——网络位置和关系

许多案例证明，公司处理外部网络的能力是明显不同的，一些公司非常专业，另一些公司则十分业余（Hakansson，1987）。学者研究表明，改变自身在网络中的位置和处理公司间关系等能力决定着公司的社会资本水平,从而影响到公司运用网络资源的程度。

在同一网络中,企业所处的位置是不同的,有的处于边缘层,有的处于中间层,还有一些企业处于核心层(如图6-5所示),企业处于网络中的位置不同,运用网络的能力也不同。越是处于网络中心的位置,就越可能与群体中其他成员建立较好的联系。由中心位置带来的资源会创造出更好地控制外部环境并降低不确定性的机会,故人们普遍认为处于中心位置的人是更值得信赖的,因此,占据网络的中心位置较容易利用网络中的资源。

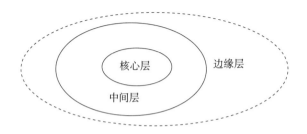

图6-5 企业的网络位置图

公司间关系也是影响公司摄取资源能力的因素之一,边燕杰通过对中国分配制度的分析指出,弱关系不能给接点之间交换资源提供动力,强关系对企业摄取资源才有意义。因此,选择合适的网络伙伴、谋求中心位置并发展较强的关系可以延长网络力臂,从而达到利用网络资源、获取持续竞争优势的目的。企业的中心性和关系度对企业利用网络资源的影响机制在企业的社会网络分析一章已经做过详细探讨,这里不再赘述。

6.4.3 网络杠杆作用的动力——企业内部资源力

内部资源又可以分为稀缺资源和普通资源,稀缺资源很难从市场购买,被认为是企业竞争优势的来源,但作为企业的投入元素不能直接产生竞争优势,而是通过企业对资源的整合才能转化为带来竞争优势的产品和服务,因此,企业整合资源的能力也是影响企业核心竞争力的主要因素。用函数表示就是 $F = f($稀缺资源，整合资源的能力$)$。

企业内部同样是一种网络，资源通过网络配置产生新的价值。企业内部资源力是企业发展的源动力，是网络杠杆作用的基础。第一，没有较好的内部资源，很难找到伙伴并发展稳定的合作关系。从下面的案例我们可以看出内部资源的重要性：于军准备自己开一家小公司，承接一些广告、活动策划方面的业务。可是，在白手起家的情况下很难建立别人对自己的信任。他找到了自己曾在联想集团工作的朋友，希望能承接一小笔外包业务，"哪怕不赚钱，也愿意做"。他的意图显而易见：与品牌企业合作的记录，将成为他与其他企业谈业务时最好的业绩证明。然而，于军最后未能如愿。像联想这样的大公司对其合作伙伴有着严格的资质考核，像他这样3张桌子两部电话且无任何业绩的公司根本无法通过对方的考核。与联想有着紧密合作的紫天鸿市场服务集团，有着一套自己的经验。这些经验是其不断地与联想、Intel、IBM等知名大企业合作积累起来的。目前，紫天鸿市场服务集团主要承接这些大企业的营销活动、礼品发放等。其总经理罗坚的经验是：要想获得品牌企业的"青睐"，不能白手起家。以活动外包这一行为例，一般第一单业务通常是靠关系，而在活动成功以后，以此为基础形成的经验，才会慢慢帮助企业打开其他客户的大门。第二，外部资源只有和内部资源结合才能发生作用。第三，内部能力是决定外部资源吸收和利用程度的决定因素。因此，缺乏内部资源和能力，企业就很难运用社会资本创造竞争优势。

6.4.4 内外网络互动——杠杆效应的表现

在战略研究中，资源理论认为，当企业拥有或控制着不能被模仿而且不易被替代的资源时，企业就能获得持久的竞争优势。巴尔尼（1991）提出企业资源具有四个基本特点才能产生竞争优势，即价值性、稀缺性、不可模仿性和不可替代性。

内部网络的作用在于其内部资源力，通过内部资源力作用输出高质量的产品和服务。但这种产品和服务如何得到顾客的认同，则是通过外部网络来实现的；同时，外部网络反馈的意见和信息可以促使内部网络对产品或服务做出改进。所以，内部网络与外部网络在为组织发展的过程中不是相互独立的，而是存在着显著的互动关系，这种互动关系就是内部资源力通过外部网络力臂放大效应，使网络杠杆得以发生作用。

这种杠杆作用使企业能够控制和运用的资源发生了质的变化：

第一，网络中的资源能够给企业提供有价值的信息，企业通过网络所获的资源和信息是其通过理性选择而获取的，本身就具有特质性，它使网络中的企业行动速度比竞争对手更迅速，从而使企业获得竞争优势。

第二，获得了互补资源。厂商可以通过结盟伙伴互补资源杠杆作用产生合理的经济租金，企业通过互惠的正式契约安排和非正式的社会关系，成功超越了自身资源与能力的局限，把原本属于其他企业的互补资产、技术以及共享的产业能力等大量外部资源纳入本企业的发展轨道。可口可乐公司与雀巢公司的合作就是一个好的案例。可口可乐是世界第一品牌公司，具有先进的市场操作经验，雀巢公司是世界第一食品公司，具有强大的产品开发功能。在进行战略联盟和市场合作以前，它们都在中国市场做出了很多努力，却都在中国急速增长的茶饮料市场中一直处于尴尬的境地。一个茶粉卖了一二十年，却在急剧增长的茶饮料市场上毫无建树；一个茶饮料推广了几代产品，最终没给消费者留下深刻印象。两家国际一流公司只能眼巴巴地看着台湾统一和康师傅两大巨头将市场份额抢走。鉴于严峻的市场形势和各自的具体情况，可口可乐公司与雀巢公司决定在中国组建合资公司 BPW（公司英文缩写）。它们首先在北京市场推出联姻后的第一个产品：瓶装饮料"雀巢冰爽茶"，利用雀巢的研发能力和可口可乐的渠道一起在北京推出。通过两家公司的战略统一，紧密合作，达到优势互补。

通过从技术创新到高空轰炸，到地面推广的精心运作，雀巢冰爽茶已取得市场占有率第三的强势地位。

第三，通过网络杠杆放大后的企业资源不仅是内外网络资源的简单加总，而且是一种协同资源，是企业通过社会网络突破传统企业的边界，通过关系的特殊组合而动态集成的一种整合的资源，不容易为竞争对手所模仿和替代（Gulati 等，2000）。这种整合的资源的价值在于，它经过了企业的科技整合、功能整合，提高了企业技术创新的机会和对新产品想象的能力。

第四，网络伙伴具有稀缺性，及早地与伙伴结盟就可以获得"首占"效应。

第五，企业嵌入的外部关系网络在很大程度上决定着企业未来可控制资源的数量和获利能力，进而关系到未来的市场竞争格局的变化和企业生存能力的大小。

因此，通过网络杠杆作用积累的资源加大了企业的创新能力，使企业产生了持续竞争优势。如海尔在企业外部，海尔 CRM（客户关系管理）和 BBP 电子商务平台的应用架起了与全球用户资源网、全球供应链资源网沟通的桥梁，实现了与用户的零距离。目前，海尔 100% 的采购订单由网上下达，使采购周期由原来的平均 10 天降低到 3 天；网上支付已达到总支付额的 20%。计算机网络得以顺利运行的基础就在于海尔拥有了信任基础上的社会网络。在企业内部，计算机自动控制的各种先进物流设备不但降低了人工成本、提高了劳动效率，还直接提升了物流过程的精细化水平，达到质量零缺陷的目的。计算机管理系统搭建了海尔集团内部的信息高速公路，能将电子商务平台上获得的信息迅速转化为企业内部的信息，以信息代替库存，达到零营运资本的目的。内外网络的和谐匹配给海尔的发展带来了勃勃生机。

6.4.5 网络杠杆作用的最大化分析

内部网络是组织内部构建的网络，外部网络是组织间共同构成的网络，在产权和使用权方面，它们有不同的安排，但在一定条件下，它们又可以相互转化，内部网络可以转变为外部网络，外部网络可以转化为内部网络。从目前现实来看，内部网络转化为外部网络的趋势明显高于外部网络转为内部网络，企业的归核化就是有力的说明。可以说，在企业发展过程中，内部网络和外部网络之间有一定的替代性。

内外网络的相互转化。第一，目标企业可以把网络节点吸收到组织内部，使网络的形式由外部转化为内部，机制在于外部网络可能存在着严重的信息和资源依赖，产生较大的不确定性，通过外部网络内部化，目标企业可以更好地掌握信息和稀缺资源，使资源流更为通畅和丰富。第二，对于内部网络的外部化，是由于目标企业认为组织内部的网络流不足以支持组织内部某一产业或成员的发展，需要把一些产业或成员剥离出去，建立起新的网络关系，例如外包。因此，内外网络有着替代关系。林南（2001）认为，把资源转变成资本的途径有两个：已经制度化了的组织"加工"或者使用嵌入社会网中的资源，所以，我们可以把内、外部资源作为企业发展投入的两种要素，通过两种要素的优化获得最佳效益。传统的经济学中，经理人员对企业内各种资源的使用进行决策，如生产运营、营销、财务等。生产决策包括确定用于生产某一预期产出量的资源或投入要素的种类和数量。经理的目标就是面对可得到的资源，以成本最有效率的方式组合资源，使利润最大化。所谓生产，就是创造对消费者或其他生产者具有经济价值的商品或服务。生产的经济理论由一个规范理论的结构组成，帮助经理人员在既定的现有技术条件下，决定如何最有效率地把生产预期产出商品或服务的各种投入要素组合起来。一般讨论两种投入要素和一种产出的生产函数，用数学模型 $Q=f(L, K)$ 表示，其中 L 表示劳动力，K 表示资本，利用道格拉斯生产函数进行讨论。

企业作为社会专业化分工体系中的一个基本单位，自己不可能完成全部创造价值的活动，只能承担起社会这个大系统中的一部分任务。网络经济的到来，使企业很难仅靠内部资源来提供一个完整的产品。企业越来越集中于核心领域，对于非核心部分往往采用外包等网络形式生产，就是对于产品链的核心环节，也往往离不开结盟伙伴的关系专属资产，在资金、原料、技术、生产加工以及产品宣传销售等方面都要依靠外部网络的支持。因此，本文将企业内部资源力和外部网络的可用非所有资源（关系专属资产）作为企业生产的两种投入要素，讨论利润最大化问题。

设内部资源力为 x，外部网络的关系专属资产为 y，c_1、c_2 分别为投入要素 x、y 的单位价格，b 为固定成本。很显然，内部资源单位价格主要由生产成本和管理成本决定，而外部网络资源单位价格由生产成本和交易成本决定。可以把利润函数定义如下：

$$\pi = pQ - c_1 x - c_2 y - b$$

对利润函数求偏导

$$\frac{\partial \pi}{\partial x} = Pq_x - c_1 = 0$$

$$\frac{\partial \pi}{\partial y} = Pq_y - c_2 = 0$$

即：$\dfrac{MP_x}{MP_y} = \dfrac{C_1}{C_2}$

企业利润最大化的条件就是内部资源和外部可用资源的边际技术替代率等于其价格之比。

6.5　网络杠杆的操作步骤

通过以上分析可以看出，操作网络杠杆要从以下几个方面入手：第一要做好企业内部资源力的分析和评估，明确自身缺乏哪些关键资源和能力；第二要对自己生存的网络进行分析，明确自身的社会网络是否能够提供所需资源。第三要判断自身的中心度和与关键节点的关系度，即支点位置是否构造成省力杠杆，动力臂够不够长。第四要优化提升内部资源力和延长网络动力臂的和谐关系，做出适合企业发展的网络管理策略。

正像前面所述，外部网络流具有一定的不可控性，因此，摄取外部资源具有一定的风险性，所以，使用网络杠杆要求目标企业对面临的不确定性有充足的预测，要有充足的关系伙伴储备，并建立"杠杆失灵"的应对机制。

6.6 案例分析——万达集团

中国万达集团是科技部命名的国家重点高新技术企业，多年来秉承"汇聚科技精华、缔造百年万达"的企业愿景，现已发展成为拥有总资产600多亿元、占地560多万平方米、员工13 000多名，涵盖轮胎、电缆、化工、地产开发四大产业，拥有国家级企业技术中心、国家级博士后科研工作站和国家级实验室的国家大型企业集团。中国万达集团创建于1988年，起初只是一个劳务输出和工程承包的乡镇企业。历经20多年的不懈奋斗和持续发展，通过网络杠杆性经营资源，中国万达集团完成了从低端的劳务输出向工业化并向高新技术产业的转型。

外部网络：

（1）与国家科技部、省市政府科技部门建立了沟通渠道，及时了解有关政策信息，顺应产业政策。万达公司一名领导的亲戚在建委工作，在一次会谈中，该人与公司高管们畅聊房地产业的发展现状和前景，为万达勾勒出了从事房地产业的蓝图，公司高层决定上马房地产项目。出院后，这名公务员也从建委辞职，正式加入万达开始构建万达房地产。万达集团社会网络如图6-6所示。

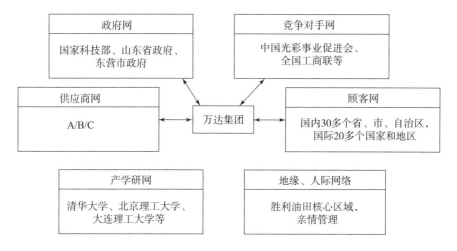

图 6-6 万达集团社会网络

（2）总裁是中国光彩事业促进会副会长、中国太平洋经济合作全国委员会副会长、全国工商联执行委员、山东省工商联副主席、山东省十二届人大代表，在社会网络中具有较好的位置。

（3）万达集团先后与清华大学、北京理工大学、北京航空研究院、大连理工大学、山东大学、石油大学等国内高校及科研院所，建立了紧密型校企联姻合作关系。组建了科研开发的专兼职智囊团，采取咨询、讲学、兼职、短期聘用、技术入股、技贸结合、人才租赁、项目合作等方式灵活引进国内外智力、人才，逐步建立起具有万达特色的产学研结合和高新技术产业化模式，呈现出了"研制一代、生产一代、储备一代"的良好发展态势。

（4）万达集团市场营销网络覆盖国内30多个省、市、自治区，其中，MBS塑料抗冲剂占国内市场份额的70%以上，探测电缆、二胺产销量居国内首位，特种变压器、特种电缆、医药中间体等几十种产品远销俄罗斯、意大利、日本等20多个国家和地区，万达宝通全钢载重子午胎、全钢工程胎、轻卡胎远销美、欧、亚、非等100多个国家和地区。万达通过高层访问、保质保量按期完成订单等方式加强与客户的信任关系，并从客户处及时获得产品信息反馈，产品和服务质量进一步提高，并稳定了与客户的关系。

（5）按照要求，严格选择、吸收合适的供应商；为供应商设置交流与合作的标准，建立快速反应、完善周到的信息结构；将意见反馈给供应商，促进它们自身的完善，不仅有利于供应商的改进，更重要的是加强了与供应商的关系，巩固了公司的核心地位。

（6）万达创业元老们所在的垦利县（今为东营市垦利区）胜坨镇位于胜利油田核心区域，因此，万达的创业有一定的地缘优势。他充分发挥了民营企业创业初期对社会资源的创新性利用的功能，利用"亲情"手段接手胜利油田的管道安装工程业务，实现了产业进入。创业5人小团队经过多年的坚持，立足简单业务，逐步向油田的纵深业务拓展。在管理上，万达在创业初期主要依靠亲情和家族式管理，这在创业初期有力推动了事业的发展，但在后期却成为阻碍企业快速发展的瓶颈。在战略业务深化和竞争力提升过程中，万达不断整合外部社会资源并与企业内部能力相匹配，后来又引进咨询公司对公司各产业板块全面开展组织变革和管理提升工作。

内部网络：

目前，集团拥有国家级企业技术中心、国家级博士后科研工作站和3个国家级实验室，十余个项目分部被列入国家星火计划、国家火炬计划和国家高技术产业化示范工程。

铺设双通道，在各职位序列"专业晋升通道与管理晋升通道并行发展"的任职机制，核心就是保证研发、工艺质量、业务和销售等领域业绩突出的员工，在待遇上不受管理层级的限制。公司会根据员工的特点，为入职3年的员工和各级后备人才进行职业发展规划，明确其职业发展的方向，同时，通过系统培训、导师辅导、职位轮换等培养手段，帮助员工更快、更好地实现职业发展目标，达成组织需求与个人职业发展需求之间的统一平衡，实现企业和员工共赢。为此，公司设计了完整的薪资构成体系、丰富的带薪假期及其他各项诱人福利。

公司秉承"以人为本，利人利企"的人才理念，打造"实力万达、魅力万达、活力万达"，大力弘扬"事业第一，诚信为本，团结协作，勇于创新"的企业精神，将社会进步、企业发展、职工福利密切联系起来，一手抓生产经营，一手抓企业文化，实现了物质文明和精神文明双丰收，得到社会各界和广大职工的好评。

杠杆效应：

目前，万达拥有2个中国驰名商标、7个山东省著名商标、13个山东名牌产品和1个山东省重点培育和发展的国际出口品牌。品牌这种无形资产为万达未来扩展战略生态位的宽度和深度奠定了坚实基础。截至2013年，中国万达集团研发生产的各类产品销往全球132个国家和地区。其中探测电缆、MBS树脂、二胺产销量居国内首位，聚丙烯酰胺产销量居国内前两位，潜油泵引接电缆、电磁线、BPS产销量居国内前三位。中国万达集团已经进入中国企业500强、中国制造业500强、中国大企业集团竞争力500强，并先后荣获全国五一劳动奖状、全国重合同守信用企业、国家标准化良好行为AAAA级企业、中国质量诚信企业、改革开放30年山东省优秀企业等400多项荣誉称号。

万达集团经历了四个阶段。初创期：以企业家为纽带的亲情管理，目标是形成"从无到有"的资源整合、实现行业进入的最低目标，企业家精神在该时期表现为突破进入壁垒的一种创造力，尤其是对外部环境制约下资源的创造性获取和利用。发展期：以企业家战略决策力为核心的创造性的战略管理，目标是形成"战略业务布局"和成长能力，实现在行业中"立得住"，企业家精神在该时期表现为对战略机会的预见性和把握能力。稳定期：以企业家文化和能力提升为核心的规范化管理，形成以文化驱动、内部能力与外部环境长期协调发展的战略业务深化和规模扩张目标，实现在行业中"站得稳"的目标，企业家精神在该时期表现为更强的内外部资源整合与协调能力以及创新型企业文化建设能力。万达的发展过程正是通过内外网络互动，获得了持续竞争优势。

6.6 本章小结

本章从资源观的竞争优势理论出发，阐述了竞争优势的形成障碍：内部资源刚性和外部环境不确定性；创新是有效克服核心刚性和环境不确定性的重要手段。日常管理效率和创新机会共同作用决定了企业的创新能力，从而影响企业的竞争优势。日常管理效率源自内部网络流的特性，创新机会则来自外部网络流的特性。外部网络流的可借用性和创新性等在促进内部资源发挥作用上表现出了杠杆效应，由此本书提出了网络杠杆的概念，网络杠杆的机理就是通过内外网络互动使企业积累难以模仿的资源，运作网络杠杆的核心就是优化企业内部资源力和社会网络之间的关系，创造省力杠杆，增强创新能力，实现持续竞争优势。最后，通过中国万达集团的调研案例对网络杠杆的运行进行了实证分析。

第7章 企业社会网络战略选择的内外网络优劣势分析模型

前一章中提出了网络杠杆理论,认为企业通过操作网络杠杆可以获得持续竞争优势。本章立足于网络杠杆理论,建立内外网络优劣势(Inner Strengths/Weaknesses – Outer Strengths/Weaknesses,简称"ISW – OSW")分析模型,对企业战略理论从含义、特征、体系构建、实施等多方面进行详细探讨。

7.1 企业的社会网络战略观

企业组织内外网络化趋势给系统研究企业战略理论提出了现实需求,前人运用社会网络理论等对企业战略的探索则提供了一定的理论基础。本章通过研究进一步发现了外部网络的杠杆作用,为社会网络战略理论的提出和构建提供了比较可行的依据。

7.1.1 企业的社会网络战略含义

美国哈佛《商业评论》2004年1月号的"哈佛经典"专栏介绍了迈克尔·波特的新文章——《什么是战略》。在这篇文章中,波特对"战略"意义和"战略"含义均做了新的阐述和注释。他说,所谓战略,一是"创造一种独特、有利的定位",二是"在竞争中做出取舍，其实质就是选择不做哪些事情"，三是"在企业的各项运营活动之间建立一种配称"。对于大多数西方大型企业的管理来说，战略集中在3个因素上：适应性概念或企业与其竞争环境之间的关系、竞争性投资机会之间的资源分配、对"耐心金钱（Patient Money）"数字的长期展望。

按照这一战略框架，每个企业最终必须在其资源与其所追求的机遇之间实现适应性，资源分配是一个战略任务，管理人员必须在追求战略目标上经常冒风险和面对不确定性。但是，借用资源与分配资源一样重要，长期性与目标及努力的一致性有关。创造一种自身资源与抱负间不适应的扩张性是高级管理人员面对的最重要的任务，战略的方向性补充了适应性思想，这要求他们从资源分配转向杠杆性运用资源。杠杆性使用企业已有的东西而不是简单地分配是对资源贫乏更具创造性的反应，在连续不断地寻求以较少资源密集方式以取得宏大的目标方面，杠杆性运用资源提供了一个企业不断获得竞争优势的方法。

随着企业网络的研究进展，使我们对其形成的原因以及如何影响企业竞争和交易有了更深的理解，从而丰富了战略理论。Gomes – Casseres（1996）在《联盟革命：企业竞争的新形势》一书中提出了集体竞争的概念，即企业群体与其他企业个体或群体的竞争。随着产业中集体竞争的作用加强，网络战略将扮演着更加重要的角色。很多学者认识到组织间治理形式非常重要，但很少对这种现象提出理论或经验上的解释。Williamson提出了企业和市场之间的中间体制，从而对企业理论进行了发展，中间理论为用交易成本解释不属于企业/市场两分法的关系形态打开了理解之门。许多学者开始从交易费用的角度来分析企业的"制造还是购买（Make – or – Buy）"决策，运用交易费用的理论来分析企业的战略行为，并指出企业联盟等网络治理形式有可能取代并购、资产剥离、企业自我扩张而成为一种重要的战略选择（Gulati，1999；Piskorski，1999）。当交易费用不是过高以至于必须采用行政控制的手段，也不是很低以至于可以采用市场交易的方式时，企业网络更是一种可取的战略手段（Gulat，Nohria 和 Zaheer，2000）。

通过交易成本角度，企业群体可以决定是购买还是制造。网络不仅提供资源和信息的交换，而且不需要垂直整合就能够提供规模效应和范围效应。Gulati 认为传统的资源观点忽略了鼓励或影响企业合作的社会因素，称其为企业行为的社会化不足，需要更加动态的模型来解释联盟形成的原因。Gulati 的批评反映了他的进化观点，在经济社会学家的工作基础上他提出了企业联盟发展的原因是企业镶嵌于社会联系之中，他进一步把企业间关系资源视为网络资源，网络资源指存在企业网络内的资源，不是单个企业控制的排他性资源，企业间学习曲线就是一个明显的例子（Gulati，1999）。

在很多情况下，构建和维持网络的能力也是企业的能力，如果把它视为战略能力，它可以给企业提供持续、超常的报酬。Dyer 和 Singh 提出的关系租试图解释企业应如何通过联盟获取超常报酬，该分析主张联盟所产生的竞争优势来自联盟伙伴能够有效地整合资产、知识或能力。借由伙伴关系所产生的竞争优势落入四种区隔：投资于关系专属资产；大量的知识交换，包含造成共同学习的知识交换；结合具有互补性但稀少的资源或能力；比竞争者的联盟有更低的交易成本，拥有更有效的统治机制。关系观点把资源理论和能力理论整合成了公司间关系理论，为建立新的理解网络形态对企业绩效的作用提供了基础。

知识理论认为，企业作为知识创造和应用的主体，可以将知识转为价值，它强调企业整合多个企业活动的能力来提供价值，创造知识和企业绩效。Lorenzoni 和 Lipparini（1999）提出了一个意大利包装机械业的三个企业群体间网络进化的纵向研究的例子，他把整合企业边界内外知识的能力定义为企业的独特能力。Lorenzoni 和 Lipparini 的研究可以解释交易成本理论和能力理论不能解释的部分，意大利公司经过7年的变迁，转化为较少垂直整合，更像网络化的组织形式。交易成本理论认为把垂直整合体分解为由长期供应商和能够共享知识的企业组成的联盟可以降低交易成本，企业间的协调成本比科层管理的成本更低。静态能力强调公司战略的影响，把以前整合的企业分解为供应和外包关系的网络，各个部分可以更专注于核心能力。动态能力强调企业构建企业间的协调和知识创造的过程，Eisenhardt 和 Martin（2000）认为，动态能力是指管理者改变资源输入、输出资源，把它们整合在一起，重新组合使其产生新的价值促进战略的能力。这个定义强调了资源理论和动态能力理论的关系，动态能力可以使企业柔性地使用资源禀赋，快速做出反应，企业间的能力可以使企业网络更好地使用企业和网络资源。Lorenzoni 和 Lipparini 研究认为，如果没有有效的企业间联系机制，如正式的长期安排、非正式的执行机制和信任、地理接近等条件，企业就不会成功。最后，作为网络成员的企业的良好绩效反映了网络安排带来的交易价值的增加。这个例子证实企业如何成功实现企业间合作。集中于核心能力可以使企业高效地发挥有限的能力，两个或多个具有互补资源的企业能力的整合可以产生更深的专门知识，而不会使自身的核心能力下降。目标和动机的联盟使网络参与者共享来自市场的信息，创造互惠的知识，建立高效的治理机制。集中、整合和联盟是企业发展的关键因素。

企业间网络的战略启示可以使用不同环境下的权变理论来解释，例如动态能力强调程序，交易成本进化论提供了一个关于学习过程的深刻的解释，承诺理论和资源理论则提供了理解企业间投资效率的更合适的架构，治理观解释了从"制造还是购买"到中间关系的扩展。相反的，交易理论无法解释企业间学习和知识的转移，当把企业间知识创造解释为交易或和约的混合物，知识通过反复的过程发展的言论则没有道理，交易理论太不连续、静态和太确定。交易成本理论对"制造还是购买"的解释的优势和不足都是因为其把交易成本作为基本的分析单元，在很多情况下，价值不能通过不连续的事情产生，在一定程度上，交易成本理论需要分解到交易，它不是一个最合适的方法，特别是它很难评估在企业内部或通过与另一个拥有互补资源的企业建立知识基础的合作交易成本。网络是进化的，在一定程度上，网络能够促进企业间的信任，降低信息不对称，从而使交易成本降低。更进一步，当企业成为运营网络的能手时，降低的协调成本就可以改变交易成本的平衡。

经济全球化和知识经济对传统工业化模式提出挑战，我国产业技术体系面临重大调整，以电子、网络和信息技术为手段的服务业将是经济发展新的增长点，技术创新将成为企业发展和推动社会经济发展的内在动力。创新成果知识产权保护是一个重要问题。知识产权在产业竞争中的作用越来越突出，知识产权制度环境和保护程度成为提高地区竞争力的重要因素。企业网络将网络参与者联合成一个共同开发运用新技术、新产品的联盟，通过建立标准使新技术、新产品以有组织、有序的方式在网络范围内共享，并可以减少免费创新模仿的可能性。因此，通过网络建立技术标准和获得标准优势成为现代企业战略的关键因素。

在新的形势下，企业如何利用第三方资源是核心竞争力发挥的方向。因此，基于企业社会网络的战略思维是：通过网络管理的方法，谋求网络的有利位置，建立和保持与顾客、内部员工、供应商、竞争者、政府和其他有关组织良好的互动关系，在实现上述各方的整合利益目标的基础上操纵网络杠杆放大内部资源的效应，赢得创新，建立标准，从而使企业获得持续的竞争优势。

7.1.2 企业的社会网络战略特征分析

从网络战略观看，企业战略要符合政治、经济、技术等宏观环境的发展趋势，要符合所有网络参与者的利益，要符合企业所在行业、企业自身的发展趋势。企业战略的制定既要考虑网络内所有参与者的利益，取得网络共赢的效果；又要考虑企业组织机构、人力资源、企业文化等问题，为企业能在激烈的市场竞争中发展壮大自己的实力做好准备，实施起来会非常复杂；企业战略的管理要使公司战略、竞争战略和职能部门策略之间保持高度的统一和协调；除非是在企业外部环境或内部条件发生重大变化，企业战略必须在一定时期内保持相对的稳定性，才能在企业经营实践中具有指导意义。因此，企业的网络战略具有整体性及复杂性、竞争性及合作性、系统性及层次性、稳定性及进化性等特征。

整体性及复杂性。目标公司的战略在考虑自身利益的同时，还要考虑遍布网络的各公司的利益，从而把网络作为一个整体实现利益最优化。这就要求必须从全网络的视野出发合理规定和划分职能和经营范围，全面协调和科学处理自己与网络节点的关系。企业战略是从企业整体和长远的观点来研究企业生存和发展的重大问题，涉及因素多，含有许多不确定因素，所以，战略管理可以看作一个复杂系统。

竞争性与合作性。在新的市场环境下，战略既要立足于获取竞争优势，又要注重与网络参与者之间的合作。因此，基于网络观的竞争不是"你死我活"的零和博弈，而是网络整体利益下的共赢"竞合"。

系统性及层次性。一般地说，战略管理包括三个主要阶段：战略分析——了解企业所处的环境和相对竞争地位；战略选择——涉及对行为过程的模拟、评价和选择；战略实施——采取怎样的措施使战略发挥作用。战略管理的每一个阶段都可看作一个系统，这三个系统相互作用并整合为战略管理大系统。针对企业不同的管理层面，企业的战略分为公司层、竞争层、职能层。每个层面的战略其内容、性质、特征都有所不同。职能战略隶属于并且支撑着竞争战略，同样，竞争战略隶属于并且支撑着公司战略。公司战略支配着竞争战略，竞争战略支配着职能战略。要有效地把整个战略组织起来，需要企业按照战略的层次的划分整合各级战略。有两种基本的整合思路：一个是从高级向低级进行整合，即根据公司战略整合竞争战略，根据竞争战略整合职能战略，再根据职能战略整合其所涉及的因素；另一个是首先整合职能战略所涉及的元素，形成职能战略系统，再将职能战略整合成竞争战略，最后将竞争战略整合成公司战略。公司战略在执行过程中需要分解为若干竞争战略，竞争战略再分解为若干职能战略，而且，公司战略的成功需要以竞争战略的成功为前提，竞争战略的成功需要以职能战略的成功为前提。低一级战略的成功是实现高一级战略的手段。

稳定性及进化性。企业战略的执行需要比较长的时间，也只有经过较长的时间企业的战略才能见到成效，才可能体现战略的优势。作为一个全局性、长期性的企业谋划，企业的战略需要在一定时期内保持稳定才能保证企业战略的有效执行。企业战略在面对外部环境的不断变化时，通过在一定范围内的自我调节，保持或恢复所制定战略的有序状态、结构和功能，保证企业战略对企业发展的指导作用和约束作用，保证企业的行为始终与企业战略的要求保持一致，而不是相差很远，保证企业的行为始终围绕企业战略在运行。在市场经济条件下，约束企业行为的主导力量仍然在企业手中，企业的行为是由企业自己来规范的，而且规范企业行为的指导思想就是企业战略。这为企业保持企业战略的稳定性和战略出现偏差时进行调整提供了保证。否则，朝令夕改，就会使企业的资源配置无所适从。但是，企业管理是一个动态的进化过程，尤其是在目前外部环境变化很快的时候，那么指导企业发展的战略，也应该是动态的。通过博弈学习，应该能够进化，以适应企业及时赢得竞争优势的需要。所以，战略的稳定性是继承，是相对的；动态性是变异，是在继承基础上的进化。

7.1.3　企业的社会网络战略选择一般原则分析

战略评价和选择的一般原则有适用性、可行性和可接受性三个。

从网络观看，适用性是评估所提出的战略对企业外部网络的需求程度以及与企业资源的匹配性和对企业竞争地位的影响，即一个适用的战略应该保持组织目标、内部资源与外部网络的匹配性。可行性指企业是否有能力成功地实施既定的战略，即组织依靠当前拥有的内部资源力和在外部网络的位置是否能顺利实施且能达到既定要求的战略。可接受性是指企业所选择的战略方案实际上是不同利益集团讨价还价和折中的产物，即企业战略要符合网络内成员的一致利益。

7.2 基于社会网络态势的企业分类

从上一章的论述可知，企业的内部资源力是网络杠杆发挥其作用的基础，只有基于内部资源力这种持久的竞争力的支持，企业网络杠杆才能充分地发挥作用。社会网络对内部资源的发展方向以及发展什么样的核心能力提供指导，从而满足网络杠杆的需求。从某种程度来说，网络杠杆提出需求，而核心能力体现其供给。对企业而言，网络杠杆是特定企业外部环境所提供的一种机会或是施加的一种限制，企业单方面的努力并不能明显对网络杠杆产生影响，企业追求的主要是通过其可以施加影响的核心能力的建立、培养或调整，使自身的核心能力与网络杠杆匹配起来，从而实现可控资源的最大收益。企业中一些强有力的核心能力的存在决定了企业有效的战略领域，产生了企业特有的生命线。如果企业处于这些能力能够发挥的状态，就构成企业的竞争优势，从而促进网络杠杆的作用。从社会资本的角度来说，核心能力的一个重要特征就是它的效用是由外部网络决定的。企业管理者的任务就是投资、投入和其他选择，使企业能够在其能力发挥的广阔领域中培育发展核心能力，从而取得良好的经济效益，促进企业的持续发展。企业的网络杠杆主要面对的是市场，根据市场的变化来调整企业战略，网络杠杆的分析应用，无疑提供了迅速、快捷的自反馈体系，而一个企业能不能充分应用反馈的信息，从而调整企业经营战略，在某种程度上取决于内部资源力与社会网络相互匹配的程度与交互的作用。

网络杠杆的独特作用在于内外资源的合理搭配,使杠杆作用发挥到最大化。我们可以用网络杠杆比较竞争对手之间的优劣势(如图7-1所示),杠杆右端代表企业 A,左端代表企业 B,右力臂代表社会网络力臂 A,左力臂代表社会网络力臂 B。用公式表示它们的竞争力为:$F = f($内部资源力,网络力臂$) =$ 内部资源力 × 网络力臂。$F_a = f($内部资源力 A,网络力臂 A$) =$ 内部资源力 A × 网络力臂 A;$F_b = f($内部资源力 B,网络力臂 B$) =$ 内部资源力 B × 网络力臂 B。从图 7-1 中可以看出,企业要获取较好的竞争优势,主要途径有三条:第一,动力臂不变,提升内部资源力。第二,内部资源力不变,延长动力臂(延长力臂或移动支点),即提高企业运用网络资源的能力,支配更多的网络资源。第三,既提升内部资源力,又延长动力力臂。

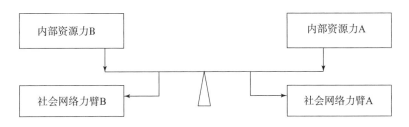

图 7-1 网络杠杆比较示意图

对于资源理论来说,不同企业的网络力臂是一样的,所以,竞争力取决于各自的内部资源力,此类杠杆就是"天平式",换句话来说,企业要获得竞争优势,就要努力提升内部资源力;对于产业组织理论来说,不同企业的内部资源是一样的,竞争力取决于各自的产业结构,此类杠杆就是"恒动力"杠杆,换句话说,就是企业要获得竞争优势,就要选择利润率高的产业并占据较好的位置。由于成本问题,企业的内部资源力不可能无限提升,企业的外部网络规模也不可能无限扩大,所以要获得持续竞争优势,关键的是能够把握好内部资源和外部资源的匹配,使网络杠杆发挥良好作用。

依据企业内部资源力和外部网络优劣势两个纬度，我们把企业分为四个类型：

网络开拓者。内部网络和外部网络均处于优势地位，是行业内领军企业，所以称其为网络开拓者。

网络转化者。内部网络处于弱势，外部网络处于优势地位，是行业内自身实力不强，但善于运用网络的企业，发展方向应是做强自己，化外部优势为内部优势，所以称其为网络转化者。

网络追赶者。内部网络处于强势，外部网络处于劣势，是行业内的实力虽强，但整合网络资源能力较差的企业，发展方向是追赶网络开拓者，所以称其为网络追赶者。

网络学习者。内部网络和外部网络均处于劣势地位，是行业内的实力最弱的企业，发展方向是加入领先企业的网络，向其他企业学习，所以称其为网络学习者。企业分类见表7-1。

表7-1 企业分类

特征	外部网络力臂强	外部网络力臂弱
内部资源力强	网络开拓者	网络追赶者
内部资源力弱	网络转化者	网络学习者

7.3 企业的社会网络战略总体内容

从社会网络战略观来看，企业战略的主要内容包括公司战略、一般竞争战略、合作战略（结构策略、关系策略）和职能战略（内网管理）几个部分。它们之间的关系是，通过合理的网络管理方法支撑竞争战略和合作战略，进而支撑公司战略；同时，公司战略引导竞争战略和合作战略，进而引导网络管理（如图7-2所示）。结构策略与竞争战略、关系策略与竞争战略也是相互影响。

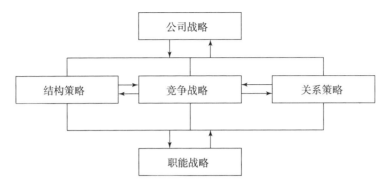

图 7-2 战略体系

7.3.1 公司战略分析

公司战略主要解决企业的发展方向和核心业务问题。如图 7-3 所示,企业发展之初位于Ⅲ区,即内部资源力和外部网络力臂均处于弱势,Ⅰ区为企业的理想状态,即内部资源力和外部网络力臂均处于优势。这样,企业的发展路径就存在两条,一是Ⅲ→Ⅳ→Ⅰ;一是Ⅲ→Ⅱ→Ⅰ。传统的战略观认为,发展企业内部资源,提升内部资源竞争力是关键步骤,首选第一条路线作为发展模式;从新的外部环境和网络杠杆作用机制来看,第二条路径是更合理的战略选择。至于公司的核心业务,要根据具体的内外资源状况等确定,本文主要根据网络特点研究企业战略,这里对公司的核心业务不做深入探讨。

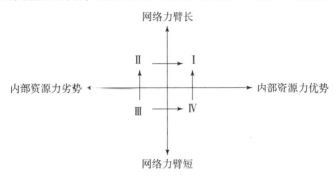

图 7-3 企业扩展模式

7.3.2 竞争战略分析

波特分析了产业结构中的5种竞争力量来源后，提出了3个一般性战略，分别为成本领先战略、差异化战略及聚焦战略，以用来超越产业内其他公司。

所谓成本领先战略，即公司要在成本上居于领导地位，而其做法就是要使设施达到最有效率的规模，也要凭借经验来努力地降低成本，严格控制成本及经常性费用。另外，通过技术的领先、流程的改造及独占的原料来源也可以使得生产的成本大幅降低。整项策略的重点虽在于使成本相对低于竞争对手，但品质、服务以及其他领域也不可偏废，如果能站稳低成本地位，即使四周强敌环绕，公司也可在产业内获得水准以上的报酬。

差异化战略是使公司所提供的产品或服务与别人形成差异，创造出全产业都视为独一无二的产品。造成差异化的做法有很多，诸如设计独特的产品功能、建立品牌形象、运用科技创造更高性能、靠客户服务或靠经销网络等，差异化战略如果成功，公司将极可能赚得高于产业平均的利润。

最后一项一般性策略是专注于特定客户群、产品线、地域市场，我们称之为聚焦战略。这项战略的根基是专注于特定目标，与那些竞争范围较广的对手相比，以更高的效率或效能来达成自己小范围的策略目标。聚焦焦点的结果，使公司更能满足特定目标的需求，得以建立差异性或降低服务成本，甚至两者兼得。

然而，波特认为采用一般性战略也是有风险的，如果使用成本领先战略，公司可能要随时更换旧有设备以提升生产力，并对新技术保持戒心，否则其风险可能因为技术变革造成全面性的生产成本降低，使得过去的投资与学习无法造成低成本优势；另外，跟随者通过模仿或投资，其所付出的学习成本偏低，更容易以成本优势对抗；太重视成本，无法看出消费者对产品需求产生改变；另外，可能因环境变化，原先所依赖的成本优势消失，而无法与其他以差异化或聚焦战略的公司对抗。

使用差异化战略亦有风险，例如在景气不好时，客户为了节省大笔成本，而牺牲特色、服务或形象等要求；客户因对产品更加了解，因而不再需要差异化；同业间相互模仿，缩小了看得见的差距等。

使用聚焦战略的风险则来自聚焦某个范围营运所费成本太大，使得小范围客户认为价格过高，抵消了焦点集中所创造的差异效果；或由于其他企业功能的改良或服务流程改善，使得原先诉求的差异缩小了；对手发现更小的目标市场，结果比焦点集中公司更能集中焦点。

三种一般战略之间的关系见表 7-2。

表 7-2 三种一般战略

竞争范围	竞争优势	
	客户察觉到的独特性	成本领先地位
全行业范围	差异化战略	成本领先战略
某个特定市场面	差异化集中	成本集中

7.3.3 合作战略分析

正像前面所说，现代企业之间的关系既有竞争，也有合作，随着市场环境的变化和信息社会的深入，合作战略同竞争战略一样重要。从网络观来看，合作战略可以分为结构策略和关系策略两个子策略。

结构策略主要是指目标企业关于谋求网络位置的策略。网络位置关注企业在其所镶嵌的复杂关系网络中的定位，它与市场位置不同，市场位置是指企业在争取潜在顾客时产品的定位。网络位置指一个企业在网络中扮演的角色，即它和网络参与者的直接和间接关系。网络位置可以视为企业资源基础的一部分，它既能促进也可限制企业的行为和战略意图。企业可以通过它的网络位置创造和接近资源、知识影响企业行为和实现愿景，企业镶嵌的关系网络模式和过去的投资历史也会限制企业行为和意图。

一个企业的网络位置依赖于它与网络成员的直接、间接关系的性质和模式，代表着它的能力，也就是控制和接近网络关键资源的能力。一些企业占据着影响网络发展的领导位置，其他企业可能占据着更加特殊的位置，如新创意的来源或信息提供者。企业的网络位置随着对企业直接、间接关系的开发和管理而变动，在网络行动者的行为和相互作用下不断地被重新定义和改变，因此，不同企业的网络中心度不同，同一企业不同时期中心度也不同。像企业一样，关系也有自己的位置。例如弱关系占据着与网络的其他节点或其他网络连接的桥的重要位置，伯特的结构洞理论也指出了发展连接网络不同部分的关系以获得知识开发和扩散新模式的战略重要性。

总的来看，结构策略可以分为这样两种：一是中心位策略，即谋求网络的中心位置，加大整体网络流的利用能力。如可口可乐只做原浆和品牌，其他工作都是由位于世界各地的公司运营；在这个网络中，可口可乐通过自己的核心技术占据了中心位置，利用广泛的外部网络这根杠杆获取了巨大的利益。另一个策略是桥角色策略，即发现网络中的"结构洞"，获得信息和资源的控制地位。

关系策略。任何企业仅仅通过自身资源都无法生存和发展，它们的绩效在很大程度上依赖于其他组织的行为和绩效，取决于它们和对手发展的直接和间接关系的性质和质量。企业间关系包含合作因素和竞争因素，企业通过合作获得资源总量的增加，通过竞争对资源和回报进行分配。为了赢得顾客价值和最终的顾客竞争优势，对手之间会在发展顾客和供应商合作关系上进行竞争。这种关系的竞争会使企业间网络关系进行重组，使低效率的企业、低效率的交易关系和绩效差的技术被逐出。关系的相互连接组成了企业网络，就像一个企业的行为和绩效依赖于其他企业的行为和绩效一样，一个联盟的行为和绩效也依赖于其他关系。因此，协调关系成为网络管理的中心问题和提高网络总产出的途径。网络的相互依赖性给企业个体制定和实施战略提出了问题,网络参与者都试图获得其自身目标,同时会考虑到其他参与者的反应,尽管会有较强联系和控制能力的参与者出现,但没有一个行动者会控制整个网络。

　　管理企业间关系的策略就是考虑企业的关系组合,这个组合是企业战略资源的一部分,由该企业与其他组织间所有关系组成。它包括交易关系,也包括与现有的或潜在的供应商、顾客和分销商的各种各样的关系,还包括与政府机构、竞争对手和互补品企业的关系。企业如何管理这个多元化关系组合呢?有两种策略可以选择:第一,关系组合可以视为一种财务投资组合,沿着这一思路估计单一顾客关系的直接成本和收益,并以此作为评估顾客关系组合的基础,这也是当前企业普遍采用的方法。这种方法的局限性是将一个组合的价值视为个体关系的成本和收益的简单的总和,使得关系间的互相联络被忽略。另一种策略是把关系组合管理看成是挖掘和开发之间的平衡。挖掘的本质是对已有的能力、技术和规则的精练和加深,它的回报是积极的、直接的和可预测的;开发的本质则是对新的节点建立关系的尝试,它的回报是不确定的。长安集团是成功的关系挖掘者,2001年4月,福特与长安汽车集团共同投资9 800万美元,成立长安福特汽车有限公司,开始了合作。双方的资源互补、竭诚合作使长安福特产销量大幅快速增长,2003年10月比尔·福特访问重庆,在此期间,福特公司同长安汽车集团签署了一份谅解备忘录,扩大战略合作伙伴联盟,谋求进一步拓展在中国汽车市场的商机。2012年2月24日,长安福特重庆二工厂正式投产。2013年6月19日,投资额达5亿美元的长安福特新发动机工厂在重庆正式投产;2014年6月18日,总投资3.5亿美元的长安福特变速器工厂在重庆正式投产;2014年11月4日,投资6亿美元的长安福特重庆第三整车工厂正式落成投产,长安福特整体产能增加36万辆。2015年3月24日,斥资7.6亿美元的长安福特第四整车工厂在浙江杭州建成投产，使长安福特的年产能增加25万辆，年总产能达到140万辆。同时，长安福特也积极参与各项公益事业，推动环境改善、提升道路安全和所在地的经济发展。正是借助于伙伴关系的挖掘，长安与福特之间信任度加深，进一步加快了长安的发展速度。一汽轿车则是成功的关系开发者。上汽集团每次选择的合作伙伴，都是选择相关领域内的行业翘楚。在网联化方面，2014年，上汽集团第一次开展跨界合作，和阿里巴巴集团共同推出了全球首款量产互联网汽车荣威RX5，使得上汽自主再次成为不容小觑的力量。在电动化领域，2017年6月19日，上汽集团和宁德时代在江苏的工厂正式奠基。据悉，这座中国领先的超级电池工厂，规划产能将和特斯拉的"超级工厂"Gigafactory不相上下；6月28日，在2017年世界移动大会期间，上汽集团与中国移动、华为签署3方合作框架协议，共同推进智能出行服务暨下一代蜂窝车联网产业的发展。

在管理关系组合时，加深已有的关系（挖掘）和开发新的关系可以交替使用。来自关系挖掘的潜在利益，如发展亲密、合作的长期关系已有很多文献做过研究。一般来讲，企业一起努力可以更好地改进产品、操作和服务以适应相互需求。管理和运行不经济的产生是由于很多企业在处理业务时不关注关系，而这些关系可以提高交付和交流的效率。如果企业相互熟识并信任对方，而且协调企业间事务成为惯例，各种各样的交易成本就能降低。Nonaka（1994）认为，企业间相互投资可以带来更加公开的沟通、更大程度的信息、创意共享和新知识的创造。同时，由于集中与少数亲密的企业共事，搜寻供应商或顾客的成本也会降低。然而，开发紧密、长期的关系也有负面效应（Hakansson，1998），主要是由于投资于关系所属资产使企业视野变窄，开发新伙伴的能力降低，会导致"锁定效应"。

建立紧密关系的成本影响着企业与供应商、顾客和其他组织的新关系开发带来的潜在收益。新关系的优势在于它们可以成为企业学习、发展的重要资源，企业也可以借此挑战旧的路径和思维定式，因此，一定程度的关系变动是必须的。关系挖掘和开发的平衡取决于网络特征和学习、知识开发的潜在收益，关系的开发会有较好的回报，但需要企业强大的实力。在一定程度上，关系开发会破坏已有关系的挖掘，反过来，也是如此。这种两难困境要通过企业试图维持的关系混合解决，包括长期合作关系和其他种类的关系，例如维特与供应商的关系或与核心的和外围的客户关系。

7.3.4 职能层战略分析

网络位置和关系组合是两个来自网络的战略概念，但企业对关系组合和位置只有有限的控制。企业是它们之间关系和位置的产物，就像是自身战略定位和意图的结果一样。March（1996）认为，一个组织与其他组织会互相做出反应，这些相互间的作用不像独立自主的行为那样容易解释，因此，企业对它们的行为结果只有有限的能力进行控制和预测。那么，面对这种境况，企业如何面对，如何管理关系组合和位置呢？营销理论假定在网络中有一个流通渠道的巨头或主导者存在，但实际中往往没有如此组织。流通和网络往往是由松散相连的行动者和关系组成，没有一个企业能够主导，特别是，网络巨头概念假定集中权威来自协调机制很好的网络和显著的绩效，但事实并非如此。协调行为不可能是集中权威的结果，有集中权威的网络绩效可能比松散网络绩效差。即使有一个网络协调者存在，设计和运行一个最佳的网络也会有严重的问题，因为，一个系统要有足够能力回应由环境导致的需求复杂性，也就是说要有必不可少的多样性，否则就会失败。网络比个体要复杂得多，因此，一个网络比一个个体能够以更多方式进行管理。事实是，一个网络受单个控制者影响和操纵越强，网络的对外反应就越受限制，越容易成为低效率和低创新性的网络。例如IBM对其高效但静止的销售网络较紧的控制，导致其在快速变化和创新上输给了其他企业。

网络和环境的复杂性难于被单个企业所理解和反应，企业业务网络是一个从下至上的自组织系统，而不是受单个企业控制而运行的。如果一个网络联系松散，在不复杂的环境中就能生存；相反，联系丰富的网络会产生复杂、混乱的行为，它将会抑制网络有效进化的能力和创新。任何变化都会对网络有多方面影响，导致利益的冲突，形成阻力和绩效的降低。网络联系度位于中间程度，将会使网络高效进化，有能力应对外部复杂环境，这样的网络特征是既稳定又有变化。因此，网络的管理在于网络参与者的协商机制的建立。从企业职能层战略看，一方面要加强科层体系向网络体系的转化，营造良好的知识交流渠道；另一方面，要通过有效的激励约束机制形成员工、部门之间热衷于交流和合作的氛围，使得企业的研发、人力资源、制造、营销等职能部门的软硬件条件都能为其竞合战略提供有力支撑。网络和环境的共同作用见表7-3。

表7-3 网络和环境的共同作用

环境	松散网络	紧密网络
简单环境	稳定	退化
复杂环境	适应	稳定

7.4 四类企业的战略体系分析

根据前面对战略选择原则、步骤和战略内容的探讨，下面我们分别为网络开拓者、网络转化者、网络追赶者和网络学习者四类企业确定战略。

7.4.1 网络开拓者战略体系分析

公司战略：内部资源和外部网络均处于优势，这是企业追求的理想状态，网络杠杆作用最好。这类企业的发展方向是不断开拓新的网络关系，保持自己优势网络的地位。内部资源力达到一定程度，提升的成本将逐步增加，重点开拓网络，充分利用网络资源是可行之路。因此，战略目标是做"一流企业"和标准的制定者。

一般竞争战略：这样一种位势使得企业通过设计独特的产品功能、建立品牌形象、运用科技创造更高性能、靠客户服务或靠经销网络等途径获取差异化竞争优势成为可能，所以应该采取差异化战略。

通过建立标准降低差异化战略的风险。需求变化和技术发展使标准不断向"深、高、新"层次发展，使重视并建立了新标准的企业获得标准竞争优势，使未能使其技术成为新标准的企业失去市场。单个企业想要建立统一的行业技术标准越来越困难，除了技术领先要素外，还有市场占有率的问题。高技术企业越来越趋向于通过网络来建立标准和获得标准优势，如与潜在的竞争对手建立技术联盟以推广其技术标准，通过协调建立一个共同遵循的技术标准以获取一定程度上的技术垄断优势，共同对付其他竞争对手，或两个具有实力的公司为了避免两败俱伤而携手合作，等等。对于普遍意义上的复杂技术而言，在标准说明书没有很好地制定或没有取得多数同行认可之前，同一行业同一技术领域的企业之间通过缔结技术联盟、共同研发、相互协调，确定某些关键部件或操作系统的技术标准以保证兼容性是非常必要的。企业必须在战略上充分重视这种技术联盟网络，使行业标准成为企业与其他企业、供应商、顾客以及其他组织之间约定俗成的规则和标准，对网络内节点行为产生约束作用，给自身带来发展机遇，同时也是对网络参与者共同利益的保护。

结构策略的选择：这类企业一般位于网络的核心层，因此，要依赖企业强大的实力，实施中心位策略，充分发挥领导者作用，维持自己的核心地位，使网络流最大限度地为我所用。

关系策略的选择：组合实施挖掘策略和开发策略，对已有关系进行挖掘，同时开辟新的关系，获得新的信息与资源，形成更高层次的竞争位势。开发新的关系需要大的投资，并具有较大的风险，因此，强大的企业内部资源和运行良好的内部网络是实施此策略的条件。同时，要利用自己的优势不断对外部网络进行优化，对网络节点优胜劣汰。

案例分析：网络开拓者——上汽集团

近年来，上汽扮演了较好的开拓者角色，产能有较大幅度的上升，引领了中国汽车潮流。

良好的内部资源力。上汽集团是国内A股市场最大的汽车上市公司，致力于为消费者提供全方位汽车产品和服务。自2012年整体上市以来，上汽集团迅猛发展，2016年营收及归属于母公司股东的净利润达到7 564.16亿元、320.09亿元，总额增量分别达到2 754.36亿元及112.57亿元，截至2017年一季度，公司总资产达到6 269.68亿元，在2012年的基础上翻番，相当于再造了一个上汽。2017年1—3月，上汽集团实现营业总收入1 962.82亿元，同比增长6.01%；归属于上市公司股东的扣非后净利润81.72亿元，同比增长11.14%。2016年上汽集团实现国产整车销售648.89万辆，同比增长9.95%，推出高分红方案，即每10股拟派送现金红利16.5元（含税），分红比例达到60%，超出市场预期。在产业链整体竞争优势上，公司业务基本涵盖了汽车产业链的各环节，有利于充分发挥协同效应，提升整体竞争能力。公司整车产销规模多年来保持国内领先，产品门类齐全，销售服务网络点多、面广，布局不断优化，有利于公司持续提高市场影响力和对用户需求的快速响应能力，具有很强的国内市场领先优势。此外，公司自主研发体系日益完善、自主创新能力显著增强，新能源汽车研发自主掌控核心技术，并在互联网汽车研发和应用方面形成领先优势；主要合资整车企业的本土化研发水平持续提升；汽车后市场加快创新布局；汽车金融服务领域创新能力突出，业务规模国内领先，持续提升了自身的创新能力新优势。在生产管理方面，上汽集团很早实行的"精益生产"方式，通过强大计算机系统支持实施的现代生产现场管理，已经被其合资伙伴列为全球样板。为进一步调动员工积极性、主动性、创造性，形成员工与企业的利益共同体，公司在非公开发行股票的同时实施核心员工持股计划，该计划的参与对象包括集团领导（包括董事、监事和高级管理人员，外部董事、外部监事除外），厂部级干部，关键骨干员工。根据实际认缴情况，共计 2 207 名员工（包括董事、监事、高级管理人员共 14 人）最终参与了公司核心员工持股计划，合计金额 11.05 亿元，认购股票数量为 0.48 亿股，占公司本次发行后总股本的 0.41%。员工持股形成企业与员工利益共享、风险共担、责任共当、事业共创的激励约束长效机制。此外，员工持股锁定期为 3 年，也充分说明股东层面与员工核心层将与企业未来发展利益一致。

优越的外部网络。上汽集团合资品牌主要包括上汽大众、上汽通用、上汽通用五菱等，2016 年分别实现年销量 200 万辆、188 万辆、213 万辆，上汽大众成为全国第一家年销量突破 200 万辆的乘用车企业；上汽通用排名国内乘用车销量第二；上汽通用五菱整车年销量继续保持全国第一；其乘用车销量成功跻身国内前四。在国际经营方面，公司在海外重点区域市场销量再创新高，全年 MG 品牌销量增长 20%，轻型商用车 Maxus 品牌销量增长 53%；同时，上汽泰国新工厂启动建设，印尼整车及零部件园区建设按期推进。上汽集团积极响应国家"一带一路"倡议，已在中东、南美、东盟、欧洲、北美、非洲等区域进行布局，并相继在海外区域重点市场建立了业务网络，主要涵盖了前瞻技术平台、研发制造平台、营销服务平台、投融资平台和国际贸易平台等五大板块，全球布局已初具雏形。上汽集团的全球化布局，并不只是传统的贸易、进出口业务，而是包括了生产、制造、研发、营销等各方面。从英国研发中心到加州及以色列的风投公司在新技术领域的前瞻布局投入,再到泰国、印尼制造基地的建立,上汽集团全球化布局稳步向前。在原材料采购方面,通过与大众和通用集团多年的合作,上汽集团已经逐步建立起的全球采购体系以及其奉行的"QSTP"原则为上汽集团未来的零部件体系的建立奠定了良好的基础。由于在中国汽车工业的重要地位,上汽集团拥有良好的政府网络。

上汽的公司战略。

作为上海国资委直属的最大企业,上汽集团锐意开拓,将"创新"和"发展"放在第一位,"倾力打造富有创新精神的世界著名汽车公司,引领未来汽车生活"。上汽集团积极瞄准时代要求,将"创新"写入公司愿景,紧紧围绕"电动化、网联化、智能化、共享化"的"新四化"趋势,推进创新发展战略,为中国汽车产业创新驱动转型升级树立新的标杆。电动化:"十三五"期间,新能源研发总投入200亿,2020年自主和合资新能源车年销量超过60万辆;网联化:携手阿里打造"自我进化"的互联网汽车,形成汽车产品和服务融合的生态圈;智能化:实现单车智能4级技术,携手华为、中国移动开发V2X技术,打造智慧交通体系;共享化:至2020年,覆盖全国超过100个城市,运营车辆30万辆,打造全球最大的新能源车分时租赁运营服务平台。怀着"新四化"的美好憧憬,上汽集团不断加强传统汽车制造领域的核心优势,积极加固智能汽车、新能源汽车和汽车电商平台等方面的壁垒,堪称国企创新转型先锋,引领中国汽车工业实现由大变强的转变。在汽车有关标准制定中,上汽发挥着"领头雁"作用。

上汽的竞争战略。

从20世纪90年代以来,上汽集团较好地运用了差异化战略,持续发力互联网汽车,打造差异化竞争力。2016年,荣威RX5上市后月销量过2万,使得上汽集团在自主品牌大军脱颖而出,摘得"全球首款互联网汽车"的帽子，迈出了智能互联坚实的第一步。通过荣威RX5的成功开发和上市，上汽建立起T－BOX、虚拟仪表等车载硬件设施及车载互联网系统的应用开发体系，打造面向未来的自主品牌"互联网汽车"及其生态圈。与阿里跨界合作，上汽集团将服务平台和汽车产品相捆绑，通过云计算等技术手段，对用户的驾车行为模式、生活消费模式和交通出行轨迹等进行研究，覆盖金融、保险、停车、维修保养、交通安全、导航、音乐、充电、车辆共享等领域，打造差异化竞争优势。上汽乘用车公司技术中心副主任谈到，上汽已经完成了互联网汽车平台的初步搭建，以"数据能力""地图能力""生态能力"为核心，通过不断升级系统、分析环境及数据、改善产品功能、增加服务内容、适配不同车型，为用户提供差异化产品和服务。

上汽的合作战略。

合作的内涵包括内部合作和外部合作。内部合作，部门与部门之间、岗位与岗位之间通力合作，渠道畅通；同心协力查找发生问题的原因，而不是追究各方责任；个人利益服从组织利益，局部利益服从整体利益。外部合作，在自主发展中体现开放合作；优势互补，实现双赢。长期以来，上汽集团一直重视研发能力和科技创新能力。自2004年以来，与上海多家高校、科研院所建立紧密的合作关系，积极推动产学研结合，并已陆续成功试制了多款新能源样车。上汽集团重视关键技术的自主创新，它按照"充分利用世界资源，建立全球平台体系"的目标，全面整合上海、英国和韩国等地的现有研发资源，发挥协同效应，构建了自主品牌研发体系、国内领先的"电机、电控、电池"核心技术研发和新能源汽车关键零部件体系，不断提升自主研发能力。上汽集团利用国内整体行业地位和产业链上的竞争优势，通过整合重点业务、人才、技术、资本等各方面的资源，已经在国内形成比较稳定的市场地位，包括企业规模优势、经济效益、产业链等。

同时，上汽集团不断扩大其他汽车产品领域，加大研发力度，提升企业的创新能力，这些都进一步推动了上汽集团的国际创业，为上汽集团的战略目标奠定了基础。

——中心位策略。

上汽集团作为国内三大汽车集团之一，其整体规模处于行业领导地位。上汽集团在行业协会、标准委员会中都是核心单位，对其他企业有较强的影响力，有较高的声誉和品牌度，处于网络的中心位置。上汽集团在其国际创业过程中，积极整合国际、国内资源，积极探寻各种渠道来获取资源，有效地整合了各种资源，为企业的生存提供了坚实的基础。上汽集团一方面积极地运用国家和政府给予的便利政策，利用企业自身资源和政府所提供的资源；另一方面积极地吸取国内资源和国外资源。

——关系组合策略。

一是关系开发。借助优势的内部网络，上汽不断在国内外开发新的节点，获得合作优势。在网联化方面，几年前上汽集团就已经第一次开展跨界合作，和阿里巴巴集团共同推出了全球首款量产互联网汽车荣威 RX5，使得上汽自主再次成为不容小觑的力量。数据表明，荣威 RX5 自 2016 年 7 月上市以来，累计销量已经接近 20 万辆，并率先打破合资 SUV 的价格垄断，稳占 SUV 市场"15 万王"宝座。随后为了满足消费者的多元需求，上汽迅速推出了一系列互联网汽车新品类和新能源汽车等全新产品，包括荣威 ERX5、荣威 ERX5 纯电动版、荣威 I6、荣威 EI6、荣威 E950 和名爵 ZS，建立起了完善的产品矩阵。与此同时，在电动化领域，2017 年 6 月 19 日，上汽集团和宁德时代在江苏的工厂正式奠基。据悉，这座中国领先的超级电池工厂，规划产能将和特斯拉的"超级工厂"Gigafactory 不相上下。"通过此番与宁德时代的合作，上汽在新能源领域的产业结构将更加完整，为后续新能源技术及产品规划提供了坚实的保障，进而将推动新能源汽车的发展，改变未来中国新能源汽车的发展格局。"陈虹在奠基仪式上如是说。2017年上汽集团再一次采用了同样的战略加码智能网联，与中国移动、华为等行业巨头们一同联合创新，这也使得上汽集团的"电动化、网联化、智能化、共享化"新四化战略布局越来越清晰。近几年，上汽集团在全国范围内不断进行关系开发，加大合作力度，增加网络资源，获得了规模和范围经济效应。二是关系挖掘。上汽一直与德国大众等合作伙伴积极接触，竭力发展信任关系，对公司产生了积极影响。上汽集团在进行国际创业初期主要采取的是经验学习。当时国内的汽车业刚刚起步，并没有什么先进的技术和丰富的经验可以借鉴，上汽集团首先通过合资经营来利用国外的资源并学习国外的先进技术。在创业成长阶段，上汽集团主要采取经验学习和认知学习的方式。而实践学习贯穿着上汽集团国际化的所有阶段。这一阶段上汽集团通过收购国外企业来获得资源和技术。在此基础上，上汽集团整合全球资源，加快技术创新，研发了自己的自主品牌。在创新方面，和很多自主品牌早期"简单拷贝"不同，上汽集团一直拒绝"抄袭"、拒绝"逆向开发"，坚持建立属于自己的完整的研发体系。

（案例摘编自证券时报："上汽集团：依托汽车主业，续写创新发展的新四化之路"，上汽集团的国际化之路 http://www.doc88.com/p-8072337601428.html）

7.4.2 网络转化者战略体系分析

公司战略：企业内部资源力处于劣势，外部网络处于优势，具备较好的创新环境，但是内部资源的劣势决定了知识的消化吸收能力不足。在通过借入杠杆运用资源中，吸收能力跟创新能力一样重要。一些公司要比其他一些公司擅长系统性地借入，部分原因是它们处理联盟和合资的态度是学生态度而不是老师态度，做标准的追随者，通过网络挖掘那些吸收能力强的节点关系进行模式的学习。

一般竞争战略。此类企业适合采用成本领先战略，因为，企业通过良好的横向联盟、集聚等网络形式扩大市场、提供较多的产品组合，可以达到较好的规模经济效应。温州产业集群中众多中小企业是实施成本领先战略的很好的代表，成功的主要因素并非企业自身资源实力强，而是外部优势的网络，主要表现在：一是血缘、地缘、姻缘和情缘等因素和相同的文化背景、习俗、社会关系以及共同的处事规则在企业间建立起了信任，较好地促进了企业之间的非正式交流与合作，知识溢出的效应明显，提高了产业集群的创新机会。二是知识、原材料、销售渠道传播往往不是靠市场机制或契约，而是靠私人交往形成的非正式制度，节约了交易成本。三是集聚的规模经济效应。这种集群内生的社会资本大大降低了企业运作的成本，提高了集群内企业的发展速度。

结构策略的选择：由于企业外部网络好，内部较弱，实施桥角色策略比较符合企业发展，通过控制优势资源渠道，迅速提高内部资源的积累，为实施中心位策略打好基础。

关系策略的选择：实施关系挖掘策略，即优化网络节点，对重要节点进行关系挖掘。更好地吸收外部资源，提升内部资源。通过学习促进内部网络发展，尽快培育内部资源的独特性、内部关系的融洽性，这样才能有效降实施低成本领先战略所带来的风险。

案例分析：网络转化者——长安汽车

近年来，长安汽车扮演了较好的转化者角色。2004 年度数据显示，在相当一部分汽车上市公司业绩滑坡的情况下，重庆长安仍然保持了效益、规模同步增长的势头、其净资产利润率是全行业最高的，这表明重庆长安以相对较少的资源创造了比较多的价值。2005 年长安汽车资产 300 多亿元，拥有长安福特、长安铃木、河北长安等 5 大汽车制造企业。可以说，长安已经拥有了良好的外部网络。但长安福特成立初期，由于长安仍未得到大排量轿车的生产许可，错过了一些市场机遇，使其与一汽集团等第一梯队相比，内部资源上存在不少差距。因此，根据内外网络态势，可以视长安为"转化者"。到2015年长安汽车（集团）有限责任公司已发展为一个拥有总资产近696元、员工5万余名、资产多元化的国有大型企业集团。目前，长安汽车集团已形成规模优势，从2001年累计第100万辆到2015年的累计第725万辆，而且具有了自主开发优势，成为中国产销量最大的微型汽车及发动机一体化制造企业，同时，也是国家重点扶持的5家上经济规模的轿车生产基地之一。长安品牌价值突破300亿人民币。长安汽车集团外部重要的合作伙伴有福特、PSA、铃木、马自达等多个国际战略合作伙伴，建立了中国重庆、上海、北京、哈尔滨、江西、意大利都灵、日本横滨、英国诺丁汉、美国底特律"五国九地、各有侧重"的研发格局。长安汽车遍布全国的销售网点已超过6 000家，维修服务网点也达到了6 000多家，而且每年正以15%的数字在增长。

公司战略。"立足自主创新、持续打造自主研发核心竞争力，不断推出具有完全自主知识产权的汽车与发动机产品，把长安汽车打造成为国内领先、国际一流的汽车企业。"这是长安汽车集团"十二五"期间的总体目标。长安汽车设定了三步走目标：

从2010—2012年，企业品牌形象晋升为国内汽车行业第一集团，重点提升品牌美誉度；从2013—2015年，企业品牌形象跻身国内前两名；从2016—2019年，初步形成跨国汽车企业的品牌形象，全面赶超国内企业，进入世界一流车企行列，实现从"转化者"向"开拓者"的转变。

竞争战略。

2015年，长安汽车全年累计销量超过90万台，相比2014累计同比增32.06%，在自主品牌中排名前列。对于长安汽车的不俗业绩，长安集团总裁尹家绪指出："长安的优势是20年奋斗积累下来的，长安未来还要继续占领微车市场的制高点。"产品的突出优势和高性价比为长安汽车赢得了市场的青睐。由此可以看出，长安走出了一条成功的成本领先战略。

合作战略。

——关系挖掘策略。2001年4月，福特与长安汽车集团共同投资9 800万美元，成立长安福特汽车有限公司，凭借嘉年华、蒙迪欧等产品，福特与长安成为中国汽车市场关注的焦点。在合作过程中，长安通过实施关系挖掘策略，与福特逐步建立了良好的信任关系，这种关系不断深化。2003年10月，福特公司与长安集团签署战略联盟协议，拟定在未来的几年中共同投资超过10亿美金用于提高产能、引进新产品及拓展市场销售渠道。该笔投资将会首先用于新产品引进以及产能扩大，把长安福特的产能从当前的年产2万辆提高到15万辆，同时，将会建设第二个轿车工厂和一个新的发动机工厂。2004年年末，借助于福特（其1995年就是江铃的合作伙伴）的力量，长安重组了江铃汽车，使商用车巨头江铃汽车最终纳入长安汽车集团的版图。同时，长安又通过福特轻松地将马自达拉入合作阵地，使长安、福特和马自达形成了稳固的三角合作关系。长安集团总结自己的对外合作特点时认为，一是坚持自主发展，建立自主品牌。二是坚持不断地与现有合作伙伴福特、铃木、马自达共同发展、紧密合作，并且不断地扩大市场、扩大合作范围，坚持自主开发与合资合作的两条腿走路。长安的自主品牌和福特、铃木、马自达品牌之间有学习、共存、并行三大关系。

——桥角色战略。原长安总裁尹家绪总喜欢讲"兔子和狮子"的故事：把自己比喻为"兔子"，借助于"大狮子"——福特等合作伙伴，把一些边缘企业纳入自己的控制之下。由此可以看出，长安一直谋划占据汽车网络中的"结构洞"位置，在核心企业和边缘企业间架起了桥，获得了信息和资源控制优势。

前几年，长安提出了"四借"战略。"四借战略"中的"借脑明智",直接推动了国内和海外研发分中心和工作基地的成立;"借梯上楼"旨在推动长安认真学习国外开发技术,使自主开发的能力上升到可实践的水平;"借水养鱼"使长安将大批的研发工程师放在国际舞台上实践和锻炼,培养出了上千名高水平的研发"子弟兵";"借船出海"则将开发项目这个载体的作用发挥得淋漓尽致,使长安通过项目控制了为我所用的资源,控制住了项目的进度和质量,并快速提升了自身的技术水平。同时实施供应链管理,完成销售平台整合,强化协同开发平台的系统建设以及建立长安汽车电子商务平台,实现从开发、采购、生产制造到销售、服务的各个环节网络化、信息化,提高了长安汽车上下游产业链的反应速度。所以说,新千年以来,长安充分利用外部网络这个杠杆,提升内部网络运行效率,从而不断把外部资源转化为自身的核心能力,为进入中国汽车集团第一梯队打下了深厚的基础。(案例摘编自长安网站等)

7.4.3 网络追赶者战略体系分析

公司战略:企业内部资源力处于优势,外部网络处于劣势,向网络开拓者学习和追赶,拓展自身网络。

一般竞争战略:宜采用成本集中战略。由于网络的劣势,使得企业难以在大的范围内与对手竞争,集中某个市场是理性选择;同时内部资源有好的优势,应使设施达到最有效率的规模,凭借经验来努力地降低成本,严格控制成本及经常费用。另外,透过技术的领先、流程的改造及独占的原料来源也可以使生产成本大幅降低。

结构策略的选择:实施中心位策略,即利用自身资源优势,谋求网络的中心位置,发挥网络杠杆功能,扩大自身资源的效应。

关系策略的选择:实施关系开发策略,即利用自身内部网络的优势,充分开发广阔的关系,利用弱关系拓宽信息和资源来源渠道。

案例分析：网络追赶者——长城汽车

长城汽车股份有限公司是全球知名的 SUV 制造企业，于 2003 年、2011 年分别在香港 H 股和国内 A 股上市，截止到 2017 年年底资产总计达 1 105.47 亿元。目前，旗下拥有哈弗、长城、WEY 和欧拉 4 个品牌，产品涵盖 SUV、轿车、皮卡三大品类，拥有 4 个整车生产基地，具备发动机、变速器等核心零部件的自主配套能力，下属控股子公司 40 余家，员工 7 万余人。

但与上汽等第一梯队相比，内部资源和外部网络都有差距，但相对来说，外部网络的差距较大，内部资源差距小。可以总结出长城的网络特点：具有强大的内部资源，但没有外部的外资合作伙伴，属于"网络追赶者"。由于内部资源强大，长城汽车以"专注、专业、专家"为品牌理念，秉承以高科技装备和高性能设计为支撑，打造高品质产品的企业战略。坚持聚焦，做精品类，是长城汽车的战略方针，聚焦 SUV，将哈弗打造成世界级的 SUV 专家品牌，是长城人的不懈追求。经过多年优质经营，长城汽车的销量和品牌形象已具备一定的实力，旗下品牌逐步走向高端，技术含量与附加值越来越高，旗下产品拥有自主的核心技术和超高的性价比，并形成了大中小、高中低、多规格多品种的产品体系，在国内市场，SUV 车型、长城皮卡已连续多年保持销量领先。长城汽车在技术研发上坚持"过度投入"，注重有效研发，追求行业领先，为持续的自主创新奠定了坚实的基础。近年来，长城逐步扩大外部网络，构建以保定总部为核心，涵盖欧洲、亚洲、北美等全球研发布局，进行新产品、新能源与智能化汽车研发。同时，长城汽车积极拓展海外市场销售网络，加强海外市场品牌形象建设，长城汽车品牌知名度和美誉度不断提升。（案例摘编自长城网站等）

7.4.4 网络学习者战略体系分析

公司战略：企业内外都处于劣势，要利用不对称网络接近资源，积累经验。

一般战略：宜采用差异化集中战略。网络学习者网络的劣势使得企业不得不服务于较为狭窄的市场；内部资源弱则意味着企业要避开强大的竞争对手，寻找不易引起注意的市场。

结构策略的选择：企业要获得较好成长，一方面，这类企业要扮演好网络学习者身份，甘愿自己在网络中处于弱势地位，牺牲暂时利益，接近资源，不断发展自己，为长期的目标打好基础；另一方面，寻找实施角色桥策略，即开发结构洞，利用控制优势获取利益。

关系策略的选择：实施关系挖掘策略，在已有的网络内选择关键节点发展信任，形成"小圈子"，通过"小圈子"扩大影响，为开拓新的关系打下基础。

案例分析：网络学习者——江淮汽车

安徽江淮汽车股份有限公司1999年9月30日成立，前身为合肥江淮汽车制造厂，始建于1964年。公司占地面积460多万平方米，总资产53亿元，员工总数17 000人。公司具有年产70万辆整车、50万台发动机及相关核心零部件的生产能力。2011年，公司销售各类汽车超过46万辆，实现了连续21年以平均增长速度达40%的超快发展。与中国汽车工业第一梯队相比，江淮汽车无论在内部资源和外部网络上都有很大的差距，可以视为"学习者"。江淮汽车比较清楚自己的位置，20世纪90年代左延安上任后，整合所有资源，全部投入当时国内还没有厂家涉足的客车专用底盘项目上，将其带上了良性发展的轨道。尽管江淮从1995年开发轻卡，2002年瑞风商务车下线，2006年将目标对准轿车领域，由单纯的商用车企业转向商用车和乘用车并举的综合型汽车企业，由以赚取制造利润转向同时赚取技术和品牌利润，由以国内市场为主转向向国内国际两个市场并重。但客车专用底盘仍是其核心领域，依靠客车地盘，江淮占据了汽车工业网络中的结构洞地位。江淮汽车发展的特色是品质和成本控制，精确的目标消费群体、目标消费市场定位和集约化经营。从网络视角来看，江淮走的是一条网络关系先挖掘后开发的路线，例如江淮与现代的合作始于1996年，1998年正式与现代公司签署AERO/TOW（一种8.5米到9米的中档客车）的技术引进协议。2001年3月双方签署了H-1的技术引进协议，而且技术转让费的额度几乎是象征性的。2002年3月18日现代H-1的中国版本——瑞风正式下线，投入批量生产。同日，双方又签署了重型卡车的技术引进协议。从目前现代公司在中国的产品布局看，现代的大客车、重型卡车、MPV都已经在江淮落户，似乎将商用车在中国发展的中心放在了江淮。自从与现代合作以来，江淮汽车就不断挖掘与其的关系，双方积累了比较紧密的信任关系，从而使双方受益匪浅。在有了较好的技术和资源积累后，江淮又不断增强关系开发力度，从新的节点获取新的信息与资源。例如2005年年底，中国江淮汽车集团与意大利宾尼法里纳设计公司（Pininfarina）签订合作协议，后者将为江淮汽车集团提供汽车设计和工程服务。2006年1月24日，安徽江淮汽车股份有限公司与航天晨光股份有限公司，在合肥签订了战略合作框架协议，进行以安徽江淮汽车股份有限公司所产轻型汽车底盘系列改装产品和金属软管系列产品的联合研发，实现市场信息和市场网络的共享，并联合开发海外市场。2010年9月，安徽江淮汽车有限公司与美国纳威司达公司签署了开发、制造和销售先进柴油商用发动机和先进商用车的合资协议。江淮汽车对中国本土商用车市场和商用车出口市场有着独到的理解和很多的经验，与纳威司达合作将充分发挥各自的优势。2010年9月16日，江淮汽车牵手美国纳威司达、卡特彼勒两大世界500强企业合作生产发动机和中重卡。这将加速实现江淮商用车的纵向一体化，有效解决轻卡、中卡、重卡核心零部件的技术升级问题。

目前,江淮汽车在"站在巨人肩膀上,与巨人同行"的发展理念指引下,积极利用网络,正由"学习者"位置向"转化者"位置进化。(案例摘编自江淮网站等)

企业的社会网络战略内容见表7-4。

表7-4 企业的社会网络战略内容

企业类型	企业战略	竞争战略	合作战略	
			结构策略	关系策略
开拓者	一流企业建立标准	差异化	中心位	挖掘/开发
转化者	向开拓者转化	成本领先	桥角色	挖掘
追赶者	向开拓者转化	成本集中	中心位	开发
学习者	向转化者转化	差异集中	桥角色	挖掘/开发

7.5 企业社会网络的进化博弈分析

企业网络不是一个静态的模式,而是不断进化的,是从弱势不对称到对称,再到强势不对称的发展过程。根据上述网络类型的分类,网络组织的扩张轨迹应当是多变的。网络学习者是企业的初始状态,网络开拓者是企业的最终发展目标。传统观点认为轨迹Ⅲ-Ⅳ-Ⅰ(参见图7-3)是较为理想的战略扩展模式,其发展较为稳定,但发展速度可能慢于轨迹Ⅲ-Ⅱ-Ⅰ。对于不同类型的企业,发展轨迹则有所不同。下面我们探讨第Ⅲ象限企业向第Ⅱ象限企业进化的问题。

第Ⅲ象限的企业是多数企业的必经阶段,是每个企业的起始阶段。第Ⅲ象限企业向第Ⅱ象限企业进化途径是和第Ⅱ象限的同类企业合作,向它们学习开拓网络的方法,所以,这个进化过程取决于两类企业间的博弈。从网络杠杆来看,第Ⅱ象限的企业表现出的实力较强,第Ⅲ象限的企业的策略选择为是否进入第Ⅱ象限企业的网络组织；第Ⅱ象限企业的策略选择为是否愿意或可能与第Ⅲ象限的企业进行网络共享。由此可见，该博弈为两个人非对称进化博弈。双方支付矩阵见表7-5。

表7-5 双方支付矩阵

象限Ⅲ企业 象限Ⅱ企业	共享 y	不共享 $1-y$
进入 x	$a+r_1-c_1,\ b+r_2-c_2$	$a,\ b$
不进入 $1-x$	$d,\ e$	$d,\ e$

表中：a，b 表示第Ⅲ象限企业进入第Ⅱ象限企业网络后双方的收益；d，e 表示未进入时双方收益，这里有 $a<d$，表示第Ⅲ象限企业进入成本为 $d-a$；而 $b<e$ 表示第Ⅱ象限企业的接纳成本为 $e-b$；r_1，r_2 为第Ⅲ象限企业进入新的网络且进行共享后双方的收益增加量；c_1，c_2 表示双方共享网络的成本。

假设象限Ⅲ中有比例 x 的企业选择进入，则有 $1-x$ 的企业不进入；象限Ⅳ中企业实施共享类型为 y，则不共享类型的企业比例为 $1-y$。所以，象限Ⅲ企业的参与人的纯策略收益为：

$$U_{1e} = y(a+r_1-c_1) + (1-y)a$$
$$U_{1n} = dy + d(1-y)$$

混合策略收益为：

$$U_1 = xU_{1e} + (1-x)U_{1n} = xyr_1 - xyc_1 + xa - xd + d$$

同理，象限Ⅱ中企业的纯策略收益为：

$$U_{2e} = (b+r_2-c_2)x + e(1-x)$$
$$U_{2n} = bx + e(1-x)$$

混合策略收益为：

$$U_2 = xyr_2 - xyc_2 + xb - xe + e$$

两类参与人的模仿者动态方程分别为：

$$\frac{dx}{dt} = x \times (U_{1e} - U_1) = x \times (1-x) \times (r_1-c_1) \times y + a - d$$

$$\frac{dy}{dt} = y \times (U_{2e} - U_2) = y \times (1 - y) \times (r_2 - c_2) \times x$$

对于象限Ⅲ中的企业群体的动态方程进行分析，当 $y = \frac{d-a}{r_1-c_1}$，则 $\frac{dx}{dt} = 0$，即所有的 x 都处于稳定状态；$y \neq \frac{d-a}{r_1-c_1}$，则 $x = 0$ 和 $x = 1$ 是两个稳定状态，$1 > y > \frac{d-a}{r_1-c_1}$ 时，$x = 1$ 是进化稳定策略（ESS），当 $0 < y < \frac{d-a}{r_1-c_1}$ 时，$y = 0$ 是进化稳定策略（ESS）。

对于象限Ⅱ中的企业群体的动态方程进行分析，如果 $x = 0$，则 $\frac{dy}{dt} = 0$，所有的 y 都是稳定状态；如果 $x \neq 0$，则有 $x > 0$，那么 $y = 0$ 和 $y = 1$ 是两个稳定状态，其中 $y = 1$ 是进化稳定策略（ESS）。

象限Ⅲ、Ⅱ的参与人博弈的模仿者动态关系可以用图7-4表示。

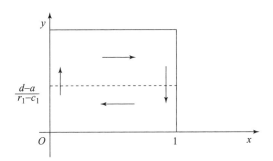

图7-4 两象限群体复制动态关系和稳定性

根据图中反映的复制动态和稳定性，可以看出博弈的进化稳定策略（ESS）只有 $x = 1$ 和 $y = 1$ 唯一一点，其他点都不是复制动态中收敛和具有抗扰动的稳定状态。通过长期反复博弈，学习和调整策略的结果是：象限Ⅲ企业在 $0 < \frac{d-a}{r_1-c_1} < 1$ 的情况下，即进入新的网络后带来的增益大于0（$r_1 - c_1 > 0$）和带来的增益大于进入网络组织的成本

$r_1 - c_1 > d - a$ 时，最终会进入新的企业网络，而象限Ⅱ中的企业都必须实施知识共享，企业网络进化的机制得以形成。

7.6 战略实施与对策分析

要使网络杠杆发挥作用，实施网络战略，需要企业内部提供一系列保障条件：

在组织架构方面：要统筹网络成员各方的需要创建组织架构，并依据他们的个性需要和市场环境随时进行调整；同时，创建公平的管理机制和决策程序。

在人力资源方面：在多数公司中，大家习惯把网络管理作为不重要的非全职工作，何时需要何时做。没有充分认识网络管理的重要性，网络管理应该是公司日常工作的一部分，因此要专门招募、培养这方面人才，要注重沟通能力、冲突解决能力、情绪稳定、具有合作精神以及专心、外向、自省、公正的品性等。

在信息系统建设方面：内外信息流动是十分重要的，因此要建立健全一系列制度，包括例会制度、信息统一记录制度等，促进部门间的交流。

在文化建设方面：要创建开放、包容的文化，尊重网络成员间存在的地域性、行业性和个性化等文化上的差异，寻求一种较适宜的工作方式；将成员企业的文化纳入社会网络大体系中来，发展健康的网络整体的文化。要处理好建设网络整体品牌和维护企业个体品牌之间的关系，网络整体品牌的推广需要强制执行。

无论企业大小，运用网络杠杆都十分重要。小企业或落后的企业由于本身资源的缺乏会阻碍一些战略计划的执行，比如明明知道自己的产品适应市场需求但一时无法扩大生产能力和增强营销能力。随着市场经济的不断发展，社会网络作为一种资源配置方式越来越走向理性，企业会有很多的渠道可以充分借用外部资源，也有很多的方式可以很快壮大企业的资源种类和规模。大型或资源相对丰富的企业同样可以利用网络杠杆放大自身资源的效应来获取更好的竞争优势。

7.7　本章小结

通过前面几章的论述,结合传统战略理论,提出了企业社会网络战略观:通过网络管理的方法,谋求网络的有利位置,建立和保持与顾客、内部员工、供应商、竞争者、政府和其他有关组织良好的互动关系,在实现上述各方的整合利益目标的基础上操纵网络杠杆放大内部资源的效应,赢得创新,从而为企业获得持续的竞争优势。市场全球化和技术复杂化使得技术标准在现代竞争中成为战略的高级因素。建立了企业战略选择的 ISW – OSW 模型,从内部网络和外部网络两个纬度把企业分为网络开拓者、网络转化者、网络追赶者和网络学习者四类。根据网络战略的内涵和特征、网络杠杆理论、竞争战略理论设计了网络战略理论体系,分别研究了四类企业的公司战略、竞争战略、合作战略(结构策略和关系组合策略),并从组织结构、人力资源、信息系统和企业文化等方面探讨了战略的实施对策。传统战略思想与网络战略思想的再比较见表 7 – 6。

表 7 – 6　传统战略思想与网络战略思想的再比较

比较项目	传统战略思想	网络战略思想
基本假设	企业是独立、自治的封闭系统	网络内企业是相互依赖的开放系统
竞争行为	对抗竞争(零和博弈)	合作竞争(非零和博弈)
战略目标	企业利润最大	网络共赢下的自身利润最大
竞争优势来源	战略资源/产业结构	网络杠杆
战略管理的重点	核心能力/竞争对手	网络关系的管理
战略的性质	静态、单向	动态、互动

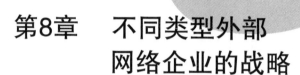

第8章 不同类型外部网络企业的战略

前面从单个目标企业的网络位置、关系对网络杠杆的影响出发探讨了其网络战略，本章探讨企业外部网络整体结构特征对网络参与企业战略的影响。

8.1 企业外部社会网络的结构类型和特征

除了目标企业在网络位置和关系特点对其战略有重要影响外，网络整体结构特征对镶嵌于其中的企业战略也有较大影响，下面做一探讨。

20世纪60年代，英国的社会学家伯恩斯和斯多克（Burns and Stalker）利用权变策略（Contingency）对组织进行了研究。他们借鉴了涂尔干"机械团结"和"有机团结"的分类方法，将企业组织划分为机械型（Mechanistic Forms）和有机型（Organic Forms）两种类型。机械型组织的主要特征有：制度稳定、高度正式、标准化，在等级制的每一层面，协调是由最近的上级负责，同时，该人也必须在其负责范围内监督每一个下属；成员应该对组织保持忠诚、对上级做到服从；个体拥有内部的（本地的）的知识、经验和技能比拥有普遍的（全球的）知识、经验和技能更为重要和显赫。有机型组织的主要特征是松散的，非正式的，相互调整的规则、制约。

伯特（1992）将网络分为紧密/深而不广和松散/广而不深两种，前者的关系网络强调深度，即与较少的企业建立深厚密切的关系；后者强调广度，即与更多的不同的企业建立关系以获取多样化信息。企业的网络形态会影响到组织间信息的传播、搜集和转移。松散网络的优点是信息来源广，多样化，重复性小，容易获得创新的契机；缺点是成员们彼此信任不足，可靠度不够，内隐知识难以传达和分享。紧密网络的优缺点则相反。

我们由此提出两种网络类型：一是有机网络，特点是网络密度小，相互关系弱，节点多样化；二是机械网络，特点是网络密度大，相互关系强，节点单一。上述两种网络是都是相对而言的，如图8-1所示，网络特征越趋向右端，则有机化越强。

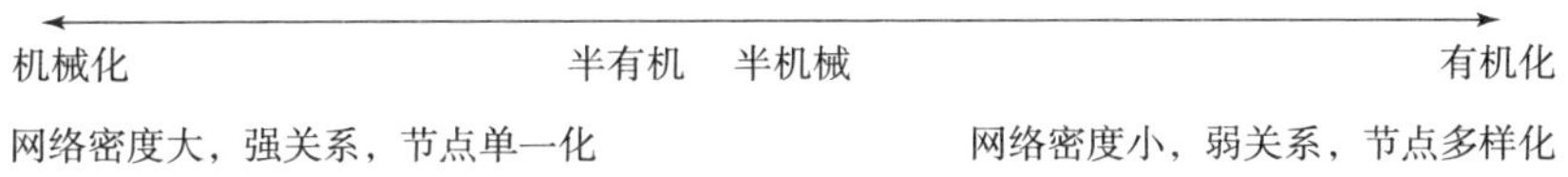

机械化	半有机	半机械	有机化
网络密度大，强关系，节点单一化			网络密度小，弱关系，节点多样化

图8-1　网络整体结构类型图

8.2　基于社会网络整体结构的企业战略模式分析

从20世纪末开始，一些学者用网络概念和理论研究企业战略，从战略的角度研究企业的经营业绩与网络关系状况的相关性。如Harrigan（1985）、Kogut（1988）对合资企业的研究，Nohria and Pont（1991）对战略集团的研究，Jarillo（1988）、Dyer（1998）对战略供应商网络的研究，Hamel（1989）对企业联盟中学习的研究，Gulati（1995）对组织间信任的研究，Gulati（1999）对网络资源的研究。Nahapiet和Ghoshal（1998）探讨了社会结构和企业智力资本创造和维护之间的关系。Pennings等（1998）指出，社会网络可以消除企业间的冲突，网络既有积极的意义，但也会对企业发展有限制，凝聚力强的网络可以使一个企业适时地获得知识资源,但也会使它失去获得外部有价值信息的机会。Miller 提出一个企业的战略是企业联系的力度、多样化和长期的结合物,Uzzi 和 Gillespie 在研究网络如何影响企业契约成本时指出,企业需要考虑关系的长期性、复杂性、网络规模和网络复制的程度等。因此,网络观点的关键在于成员的关系形式影响成员行为,网络提供机会、信息和资源的交换机会,也会产生限制。社会网络理论的本质是企业镶嵌于社会结构体系中,这个体系影响它的决策制定和战略,网络直接或间接地影响竞争舞台上所有成员的战略。我们重点探讨两种通用网络结构——有机和机械网络对企业战略的影响。

在众多战略分类中,常被运用的是波特在竞争战略一书中的战略分类观点。他提出一个产业内的竞争态势,主要受五种竞争力决定,包括竞争者、替代品、供应商、购买者和潜在进入者,企业应根据此五种力量,结合自身的优劣势,采取适当的战略创造价值;并将竞争战略分为成本领先战略、差异化战略和聚焦战略三种,聚焦战略实际上就是企业在特定细分市场的成本领先或差异化战略。

差异化战略是使企业所提供的产品或服务与别人形成差异,创造出全产业都视为独一无二的产品。造成差异化的做法有很多,诸如设计独特的产品功能、建立品牌形象、运用科技创造更高性能、靠客户服务或靠经销网络等。差异化战略如果成功,企业将极可能赚得高于产业平均的利润。显然,具有有机网络的企业应该实施差异化战略。当差异化战略被采用时,企业将从大数量的企业间联系获益。有机网络的特点是密度小,相互关系弱,节点多样化,资源的异质性强,信息来源广,差异化需求容易导致差异化的产品。网络行动者联系少,关系弱,相互嵌入性弱,信任度低,导致诀窍性技术知识的转移很难发生,所以差异化能够长期存在。据此,我们发展出如下命题:

命题1:拥有有机型网络的企业适合采用差异化战略。

成本领先战略，即是公司要在成本上居于领导地位，而其做法就是要使设施达到最有效率的规模，也要凭借经验来努力地降低成本，严格控制成本及经常费用。另外，通过技术的领先、流程的改造及独占的原料来源也可以使得生产的成本大幅降低。整项战略的重点虽在于使成本相对低于竞争对手，但品质、服务以及其他领域也不可偏废，如果能站稳低成本地位，即使四周强敌环绕，公司也可在产业内获得水准以上的报酬。如果战略强调效益和成本控制，企业追求成本低，不能维护一个大的网络，另外，企业应追求少数的大供应商，而不是大量的小供应商，为了获得低价格、不变的产品和过程减少了对大的稳定数量节点的需求。因此，具有一个机械网络的企业应该追求低成本战略。机械型网络的特点是密度大，相互联系强，节点单一。很显然，具有强关系、密度高的企业资源具有相似性，容易产生规模效应，学习曲线明显，使成本降低。据此，我们发展出如下命题：

命题2：拥有机械型网络的企业适合采用成本领先战略。

聚焦战略是专注于特定客户群、产品线、地域市场，根基是专注于特定目标，与那些竞争范围较广的对手相比，以更高的效率或效能来达成自己小范围的策略目标。集中焦点的结果，使公司更能满足特定目标的需求，得以建立差异性或降低服务成本，甚至两者兼得。据此，我们发展出如下命题：

命题3：拥有半有机半机械网络的企业适合采用聚焦战略。

8.3 三种典型网络中企业的战略

根据中国现实，有三类典型的企业网络模式：一类是政府引导型网络，即高科技园区企业网络；一类是原发型企业网络，即地缘基础上的集群企业网络；一类是市场引导型网络，即围绕大企业形成的集群企业网络。下面我们分别验证本文提出的上述命题，并对三种典型网络中企业的战略进一步探讨。

8.3.1 政府引导型网络内企业的战略

高科技产业区一般是由政府规划而形成的企业集聚模式,此类网络内企业异质性强,即节点多样,创新因素多,信息丰富。许多高新产业区、科技园区企业与政府关系密切,但企业相互之间嵌入性很弱,关系不稳定。此类网络属于有机网络,从一般竞争战略来看,网络内企业适合采用差异化战略。北京中关村可以说是中国较为成功的科技园区,目前,有各类高新技术企业万余家,其中有联想、方正等国内知名的公司,还有诺基亚、惠普、IBM、微软为代表的1 600余家外资企业,跨国公司在园区设立的分支机构已达到112家,其中包括研发机构41家,拥有数十家高校和科研单位,在此类网络中的企业一般都采取差异化战略。

从公司层面看,政府对资源的控制和影响企业的能力意味着政府有能力给企业带来不确定性,也可能提高企业的交易成本,同时,也可以为某些企业创造商业机会以改变收入,或通过许多手段改变一个企业的成本结构。企业与社会关系非常复杂,政府的一个作用就是调解许多不同人、组织在社会中的利益。如果公司没有政治战略,它的利益不能得到充分体现和保护。公司的政治战略定义为,那些由各种组织所采取的为获取、发现和使用权力从而在斗争中获得一种优势(资源的特殊分配以及原有分配没有变化)的多种行为。地方文化氛围、企业规模和企业家特质等是影响企业的政府战略的主要因素,政府战略可以分为两类:先发制人和被动反应。我们通过下面的案例来说明政府战略的应用。

山东东营市广饶县是全国百强县,形成了造纸、石化、橡胶、纺织、机电、建材、农副产品加工等主导产业。广饶企业初期的发展有着同样的路径,就是通过与政府的密切联系,把握政策导向,提前介入,赢得政策支持。如原凯银集团的快速发展很大程度上得益于政策的拉动(先发制人的政治战略),它们把办事处设在了中国农科院,通过与专家沟通，及时获得政策信息，再赢得国家科技部、省科技厅和市科技局的支持，获得资源分配优势。通过努力，凯银创办初期5年间获得无偿项目支持6 000万元。信义集团在发展初期，获得的科研基金就达到每年800万~1 000万元，为开发技术，领先于竞争对手，赢得全国市场份额第一名打下了基础。东营市科技局的领导说，我们的企业与国家高层部门和决策者间已经建立起良好的沟通渠道，它们知道做什么符合产业发展趋势，能够赢得政策、资金支持。近年来，广饶县坚持"扶持大、激励好"的原则，引导企业着力加大转型升级投入，促进产业层次整体提升。2013年全县完成规模以上工业主营业务收入3 840亿元、利税466.7亿元，均居全省县域前列；高新技术产业产值占规模以上工业产值比重达到48.6%，提高了6.1个百分点；全年新增规模以上企业25家，5家企业入围中国企业500强，占全市上榜企业总数的50%、全省的10%。存量提升方面，重点推进自主创新、企业上市、品牌培育"三个攻坚计划"，取得实质性突破，橡胶轮胎试验场、国家级轮胎及橡胶制品质检中心等公共创新平台顺利推进，县域创新体系更加完善；有5家企业进入上市程序，8家企业在场外市场挂牌，企业管理水平和发展层次进一步提升；新增省级以上知名品牌12个，区域性品牌创建加速推进，广饶工业在国内外市场的影响力竞争力进一步增强，拉动了对外贸易逆势增长。2013年全县实现进出口总值58亿美元，其中出口37.7亿美元，比上年增长18.1%。把服务业作为加快经济转调的重要战略支撑，依托工业优势，重点围绕现代物流、文化旅游、金融保险等领域构建载体、培植项目，促进服务业发展全面提速。全力突破商贸物流业，推进实施了亿丰国际时代广场、全福元城市广场等一批商贸业项目，广饶物流园区、大王保税物流园区等一批物流园区项目，加快工业企业主辅分离，逐步带动物流资源整合、构建物流基地，着力打造区域性商贸物流中心。突出发展金融产业，新增股份制银行等金融机构10家，贷款规模保持全省县级前列，实现了助推经济发展、壮大金融产业"互促共赢"。聚力突破园区开发，全面加快广饶滨海新区、县经济开发区、大王经济开发区开发建设，总体展现出三区并进、多极增长的良好态势。广饶经济开发区转型升级步伐加快，综合实力在全省省级开发区中列第12位。大王经济开发区是全省第一个在乡镇设立的省级开发区，2013年工业总量达到1 480亿元。充分发挥"镇区一体"体制优势和大王镇列入全国"强镇扩权"试点政策优势，加快改革发展，使大王镇尽快在全省率先进入全国百强镇。

8.3.2 原发型集群网络内企业的战略

地缘基础上的集群即众多企业围绕一个产业自发组织生产销售并形成地理集群的发展模式。在如此的集群中，大量的小企业按照朴素、自发的市场规则形成了一个分工严密的生产网络；而这个生产网络又是被销售网络所带动；整个企业群网络又被组织严密的社会网络所控制。温州初期的企业集群大多属于此类模式。如浙江诸暨大唐袜业最早起源于社队企业，然后随着家庭织户的发展，大家纷纷向城镇集聚，形成从袜业用料的生产与销售、袜机销售与修理、电脑花型打样、织袜、缝头、印染、定型、印刷包装到成品销售，构成了一个较完整的地方生产系统，由专业购销商或规模较大的袜厂负责对外销售产品，从而降低了交易成本，产生了规模效应。集群企业之间存在一种多向联盟关系，企业集群网络类似机械网络，主要表现在：①文化基础之上产生的信任和规则。②低交易成本。③很多资金靠关系筹集。④网络的整体复制。这类集群中企业之间资源的流动依赖乡土文化基础上的信任规则，这既能给集群的发展提供保证，同时也使集群的发展受到限制，网络内企业不能跳出原有的文化根源约束，导致网络规模小。这种网络内企业的异质性较差，即节点单一。此类网络中的企业一般宜采用成本领先战略。像浙江嵊州市的领带集群有一千多家领带企业，10万从业人员，有着完善快速的产业链体系，具备4小时从设计到成品的专业生产能力。这样的规模、速度带来的低成本优势是任何一家国内外领带企业难以比拟的。

这类集群中企业之间资源的流动依赖乡土文化基础上的信任规则，这既能给集群的发展提供保证，同时也使集群的发展受到限制，网络内企业不能跳出原有的文化根源约束，导致外部"负熵"（如人才）难以进入网络，自组织作用难以发挥。同时，这种网络内企业的异质性较差，竞争性强。这些网络因素导致产品差异化程度低，企业相关性不强，价格竞争较为激烈，市场运行环境较差。从公司战略层面看，此类集群网络内企业要突破地域集群，跨区域、跨国界发展社会网络，要超越过去的地域、乡土文化，整合先进的传统文化，以"海纳百川，包容万象"的儒家先进文化为先导融入现代文明，在世界范围内搭建企业的社会网络，充分吸纳资源，获得可持续发展。

8.3.3　市场引导型集群网络内企业的战略

这类集群是指众多中小企业以一个或一些大型企业为依托，在其周围集聚，并与之配套或关联，从而形成的地理集群模式。大型石油、钢铁和汽车等企业周围就形成了以这些龙头企业为核心、大量中小企业以它们为主要市场而配套协作的特色企业群。此类集群网络是中小企业围绕一个或多个大企业形成，它们与大企业存在一种联盟关系，这种网络的典型特征就是网络结构密度小，节点多样化，中小企业相互关系弱，但它们与核心大企业关系强，因此，这种网络属于半有机半机械型；实际上，网络中的中小企业就是把大企业作为固定的交易对象，采取的战略就是集聚战略。在中国特大型企业中石化集团中原油田周围聚集了数百家中小民营企业，它们主要的交易对象就是中原油田。这些创业者主要来自油田辞职或下岗的职工和本地的居民，伴随着油田的发展，它们也获得了成长。由于这些企业对油田的依赖性强，它们都非常重视与油田相关部门关系的发展。

由于对大企业的依赖性，网络内中小企业在网络中属于从属地位；它们较少注重发展与其他企业之间的关系，网络结构单一，规模小，风险较大；产品和技术很少创新。部分中小企业对政府关系处理不够合理，期望政府放松监管，通过与大企业进行违反政策甚至违法交易获利，而不是从长远考虑，多从政府方面获得政策信息和稳定的市场环境。这种状况下导致公共产品不足，市场环境不利于企业的长期发展。从公司战略层面看，此类网络内企业要由朴素利用网络向科学利用网络转化。因为，此类企业对网络的认识和管理不到位，只是想通过人际关系牟取私利，不注重所有参与者之间的共同利益，从而影响了网络作用的发挥。

8.4 本章小结

本章从网络的整体结构特征出发，把企业外部网络分为有机网络和机械网络，寻找到了其与一般竞争战略的对应关系，以此为依据，得出了政府引导型网络内企业宜用差异化战略，原发型网络企业宜用低成本战略，市场引导型宜用聚焦战略的结论。显然，没有绝对的有机网络和机械网络，它们是一个连续体的两个极端，多数企业位于有机和机械之间，因此，只能说一个企业的网络比另一个企业的网络更机械或更有机，相对来说更适用差异化战略或成本领先战略。

参 考 文 献

[1] 梁雅琦. 社会资本与战略网络研究综述 [J]. 经济师, 2014 (04): 82-83.

[2] 彭伟, 符正平. 基于社会网络视角的多边联盟研究与概念框架构建 [J]. 外国经济与管理, 2013, 35 (05): 60-71.

[3] 孟韬, 孔令柱. 社会网络理论下"大众生产"组织的网络治理研究 [J]. 经济管理, 2014, 36 (05): 70-79.

[4] 赵炎, 王冰, 周瑞波. 社会网络视角下战略联盟研究的"新思维"——基于文献综述 [J]. 软科学, 2012, 26 (09): 138-141.

[5] 蓝海林. 中国企业战略行为的解释: 一个整合情境——企业特征的概念框架 [J]. 管理学报, 2014, 11 (05): 653-658.

[6] 李梦楠, 贾振全. 社会网络理论的发展及研究进展评述 [J]. 中国管理信息化, 2014, 17 (03): 133-135.

[7] 蓝海林. 企业战略管理: 承诺、决策和行动 [J]. 管理学报, 2015, 12 (05): 664-667.

[8] 张宝建, 胡海青, 张道宏. 企业创新网络的生成与进化——基于社会网络理论的视角 [J]. 中国工业经济, 2011 (04): 117-126.

[9] 刘宁. 华为文化对内部控制的作用与反作用 [J]. 会计之友, 2013 (17): 70-73.

[10] 赵炎, 王冰, 周瑞波. 社会网络视角下战略联盟研究的"新思

维"——基于文献综述［J］. 软科学. 2012（9）：138-141.

［11］王健伟等. 网络经济学［M］. 北京：高等教育出版社，2004.

［12］张其仔. 社会学方法对于企业管理理论与实践的意义［J］. 经济管理，2005（2）：4-11.

［13］徐延辉. 企业家的伦理行为与企业社会资本的积累［J］. 社会学研究，2002（6）：63-71.

［14］李久鑫，郑绍濂. 管理的社会网络嵌入性视角［J］. 外国经济与管理，2002（6）：2-6.

［15］明茨泊格. 战略历程：纵览战略管理学派［M］. 北京：机械工业出版社，2002.

［16］迈克尔·波特. 竞争战略［M］. 陈小悦，译. 北京：华夏出版社，1997.

［17］李焕荣，林健. 战略网络研究的新进展［J］. 经济管理—新管理. 2004（4）.

［18］史占中. 企业战略联盟［M］. 上海：上海财经大学出版社，2001.

［19］穆尔. 竞争的衰亡——商业生态系统时代的领导与战略［M］. 梁骏，等译. 北京：北京出版社，1999.

［20］吴思华. 策略九说——策略思考的本质［M］. 上海：复旦大学出版社，2002.

［21］李焕荣，林健. 战略网络的结构、类型、构成要素和功能研究［J］. 科学学与科学技术管理，2004（6）：70-74.

［22］张子刚，孙忠. 程斌武. 基于网络组织的协调管理：回顾与趋势［J］. 科技进步与对策，2001（9）.

［23］谢洪明，蓝海林. 动态竞争与战略网络［M］. 北京：经济科学出版社，2004.

［24］卡斯特. 网络社会的兴起［M］. 夏铸九，等译. 社会科学文献

出版社，2001．

[25] 文军．曼纽尔·卡斯泰尔：信息时代的理论家［N］．社会科学报，2004-02-14．

[26] 亚当·斯密．国民财富的性质和原因的研究［M］．郭大力，王亚南，译．北京：商务印书馆，1994．

[27] 李春艳．企业、市场及其演进关系——基于动态交易成本理论的分析［J］．当代经济研究，2006（3）：17-21．

[28] 张维迎．企业理论与中国企业改革［M］．北京：北京大学出版社，1999．

[29] 董永祥．企业理论的历史与现状［EB/OL］．http：//www.jjxj.com.cn/news_detail.jsp?keyno=1424.2003-08-07．

[30] 张维迎．博弈论与信息经济学［M］．上海：上海人民出版社，1996．

[31] 哈罗德·德姆塞茨．经济理论中的企业：一场静悄悄的革命［EB/OL］．李陈华，译．http：//www.cenet.org.cn/cn/ReadNews.asp?NewsID=14078.2004-02-10．

[32] 程恩富，彭文兵．企业研究：一个新经济社会学的视角［J］．江苏行政学院学报，2002（2）：57-65．

[33] 彼得·杜拉克．创新与企业家精神［M］．彭志华，译．海口：海南出版社，2000．

[34] 彼得·圣吉．第五项修炼——学习型组织的艺术与实务［M］．郭进隆，译．上海：三联书店．

[35] 尹云松．虚拟企业持续竞争优势的源泉［C］.MBA论丛第二集．合肥：安徽人民出版社，2004．

[36] 潘卡基·格玛沃特．产业竞争博弈［M］．胡汉辉，等译．北京：人民邮电出版社，2002．

[37] 哈默，普拉哈拉德．竞争大未来——企业发展战略［M］．王振

西，译. 北京：昆仑出版社，1998.

[38] 潘学峰. 论企业持续竞争优势的创造：基于核心能力刚性的分析.

[39] 刘存福. 社会网络战略：战略理论研究的新视角［A］. 第 8 届全国青年管理科学与系统科学学术会议论文集，2005.

[40] 周长城. 经济社会学［M］. 北京：中国人民大学出版社，2003.

[41] 李培林，中国社会学的发展趋势和所面临的问题［EB/OL］. http：//www.ttcn.cn/home/news/social_ science/kecheng/1 - 1.htm. 2005 - 02 - 06.

[42] 陈盼. 中国转型期社会资本分析［EB/OL］. http：//www.sociology.cass.cn/shxw/zxwz/t20040519_ 2153.htm. 2004 - 05 - 19.

[43] 科尔曼·詹. 社会理论的基础［M］. 邓方，译. 北京：社会科学文献出版社，1992.

[44] 罗伯特·D. 帕特南. 使民主运转起来［M］. 王列，赖海榕，译. 南昌：江西人民出版社，2001.

[45] 福山. 信任——社会美德与创造经济繁荣［M］. 彭志华，译. 海口：海南出版社，2001.

[46] 张文宏. 社会资本：理论争辩与经验研究［J］. 社会学研究，2003（4）：23 - 35.

[47] 边燕杰，丘海雄. 企业的社会资本及其功效［J］. 中国社会科学，2000（2）：87 - 99.

[48] 徐延辉. 企业家的伦理行为与企业社会资本的积累——一个经济学和社会学的比较分析框架［J］. 社会学研究，2002（6）：63 - 71.

[49] 边燕杰，丘海雄. 企业的社会资本及其功效［J］. 中国社会科学，2000（2）：98 - 102.

[50] 罗家德. 社会网分析讲义 [M]. 北京：社会科学文献出版社，2005.

[51] 席酉民，唐方成. 组织的立体多核网络模型研究 [J]. 西安交通大学学报，2002（4）：430-435.

[52] 周杰普，卢慧芳. 波特五种力量竞争模型及其拓展形式比较分析 [J]. 学术月刊，2004（2）：37-44.

[53] 吴维库. 行业竞争结构的网络模型分析 [J]. 管理工程学报，2002（1）：79-81.

[54] 张其仔. 新经济社会学 [M]. 北京：中国社会科学出版社，2001.

[55] 彼得·H·安东尼奥，约翰·威廉·格拉尼斯. 公司战略管理与政企关系 [M]. 张慧东，等译. 北京：中国人民大学出版社，2001.

[56] 张建军，张志学. 中国民营企业家的政治战略 [J]. 管理世界，2005（9）：94-105.

[57] 环球企业家杂志社. 共享 [M]. 北京：中信出版社，2005.

[58] 赵延东，罗家德. 如何测量社会资本：一个经验研究综述 [J]. 国外社会科学，2005（2）：18-24.

[59] 林季红，何帆. 战略联盟与企业竞争优势——基于资源基础论的分析 [J]. 经济管理，2003（24）：1-8.

[60] 余志良，谢洪明，蓝海林. 战略网络中的嵌入关系及其特征和影响分析 [J]. 科技进步与对策，2003（10）：11-13.

[61] 王兆华. 生态工业园工业共生网络研究 [D]. 大连：大连理工大学，2002.

[62] 林南. 社会资本 [M]. 张磊，译. 上海：上海人民出版社，2005.

[63] 熊彼特. 经济发展理论 [M]. 何畏，译. 北京：商务印书

馆，1990.

[64] 林义屏. 市场导向、组织学习、组织创新与组织绩效间关系之研究——以科学园区信息电子产业为例 [D]. 台北：中山大学，2001.

[65] 谢洪明，韩子天. 组织学习与绩效的关系：创新是中介变量吗 [J]. 科研管理，2005 (5)：1-10.

[66] 吴思华. 台湾积体电路产业的动态网络 [J]. 台湾产业研究，1999 (2)：65-127.

[67] 程恩富，等. 社会关系网络：企业新的资源配置形式 [J]. 上海行政学院学报，2002 (2)：79-90.

[68] 高宣扬. 布迪厄的社会理论 [M]. 上海：同济大学出版社，2004.

[69] 诺斯. 制度、制度变迁与经济绩效 [M]. 刘守英，译. 上海：上海三联书店，1994.

[70] 黄江圳，谭力文. 从能力到动态能力：企业战略观的转变 [J]. 经济管理新管理，2002 (22)：13-17.

[71] 王迎军. 战略杠杆 [M]. 天津：天津人民出版社，1997.

[72] 马克斯·韦伯. 经济与社会 [M]. 林荣远，译. 北京：商务印书馆，1997.

[73] 罗家德. 网路化组织与网络式组织 [EB/OL]. http//www.kschina.cn/lwpd/，2005-09-29.

[74] 梁启华. 何晓红. 空间集聚：隐性知识转移与共享机理与途径 [J]. 管理世界，2006 (3)：146-147.

[75] 约瑟夫·熊彼特. 经济发展理论 [M]. 北京：商务印书馆，1990.

[76] 赵红梅，黄杨. 企业学习对创新成效和竞争优势至关重要 [N]. 中国经济时报，2006-04-12.

[77] 孙黎. 变革家：当代管理大师新思维 [M]. 北京：中国经济出版社, 1998.

[78] 蒋学伟. 企业持续竞争优势研究 [D]. 南京大学博士论文, 2000.

[79] 潘学峰. 论企业持续竞争优势的创造：基于核心能力刚性的分析 [EB/OL] . http://mattpan.blogchina.com/1558784.html, 2005-05-17.

[80] 谢洪明, 蓝海林, 张德群. 从系统论看企业战略 [J]. 科学管理研究, 2001 (4): 46-50.

[81] 王迎军. 战略杠杆 [M]. 天津：天津人民出版社, 1997.

[82] 刘存福, 侯光明, 李存金. 网络杠杆——企业竞争优势来源新探 [J]. 科学学与科学技术管理, 2006 (3): 148-152.

[83] 姜蓉. 找到傍"犀牛"的生存法则 [N]. 中国经营报, 2005-10-10.

[84] 谭长春. 茶饮营销比拼：可口 VS 雀巢 立顿 VS 百事 [J]. 环球企业家, 2004 (10): 11-12.

[85] 梁栋. 网络组织的兴起：信息化与企业组织网络化关系研究 [D]. 北京：中国社会科学院, 2002.

[86] 詹姆斯·R·麦圭根, 等. 管理经济学——应用、战略与策略 [M]. 李国津, 译. 北京：机械工业出版社, 2003.

[87] 迈克尔·波特. 什么是战略 [J]. 哈佛商业评论（中文版）, 2004 (1).

[88] 金占明. 战略管理——超竞争环境下的选择 [M]. 北京：清华大学出版社, 1999.

[89] 陈耀. 高技术产业的竞争战略选择——合作竞争的视角 [J]. 管理世界, 2005 (8): 149-150.

[90] 朱·弗登伯格, 戴维·K. 莱文. 博弈学习理论 [M]. 肖争艳,

等译. 北京：中国人民大学出版社，2004.

[91] 侯光明，李存金. 管理博弈论 [M]. 北京：北京理工大学出版社，2005.

[92] 中国产业地图编委会. 中国产业地图——汽车（2004—2005）[M]. 北京：社会科学文献出版社，2005.

[93] 金碚. 中国企业竞争力报告 [M]. 北京：社会科学文献出版社，2004.

[94] 侯光明，刘存福. 中小民营企业集群：社会网络视角的分析 [J]. 经济管理，2005（5）：14-17.

[95] 李显君，钟领，王京伦，王巍. 开放式创新与吸收能力对创新绩效影响——基于我国汽车企业的实证 [J]. 科研管理，2018（1）：45-52.

[96] 陈劲松，张剑渝，张斌. 社会资本对交易费用的作用：理论、机制和效果——基于机会主义行为治理视角的研究述评 [J]. 经济学动态，2013（12）：87-90.

[97] 刘宁. 华为文化对内部控制的作用与反作用 [J]. 会计之友，2013（17）：70-73.

[98] 赵炎，王冰，周瑞波. 社会网络视角下战略联盟研究的"新思维"——基于文献综述 [J]. 软科学，2012（9）：138-141.

[99] 邸晓燕，张杰军. 矩阵式企业研发组织模式及其技术创新——以郑州宇通客车股份有限公司为例 [J]. 高科技与产业化，2011（1）：118-121.

[100] 张文广. 中国企业国际化经营研究——以上海汽车集团为例的案例分析 [S]//江苏省汽车工程学会. 江苏省汽车工程学会第九届学术年会论文集. 江苏省汽车工程学会：2010.

[101] TEECE D J, PISANO G, SHUEN A. Dynamic capabilities and strategic management [J]. Strategic Management Journal, 1997,

18 (7), 509 – 533.

[102] JARILLO J C. On strategic networks [J]. Strategic Management Journal, 1988, 9 (1): 31 – 41.

[103] POTER. Location, competition, and economic development: Local clusters in a global economy [J]. Economic Development Quarterly, 2000 (14): 15 – 20.

[104] ROBERT E, HOSKISSON, et al. Theory and research in strategic management: Swing of a pendulum [J]. Journal of Management, 1999, 25 (3): 417 – 456.

[105] ANGEL D P. High – technology agglomeration and the labor market: The case of Silicon Valley [J]. Environment and Planning, 1991 (6): 1501 – 1516.

[106] COASE R H. The nature of the firm [J]. Economica, 1937, 4 (16): 386 – 405.

[107] CHANDLER A D. Strategy and structure: chapters in the history of the american Industry enterprises [M]. MIT Press, 1962.

[108] ROBERT C, WOLCOTT. Network strategy, innovation & performance [D]. Doctorate Paper, Northwestern University. 2002.

[109] GRANOVETTER M. Economic action and social structure: the problem of embeddedness [J]. American Journal of Sociology, 1985, 91 (3): 481 – 510.

[110] BURT R. Structural Holes [M]. Cambridge, MA: Harvard University Press, 1992.

[111] FREEMAN L C. Centrality in social networks: Conceptual clarification [J]. Social Networks, 1979 (1): 215 – 239.

[112] NAHAPIET, JANINE, GHOSHAL, SUMANTRA. Social capital,

intellectual capital, and the organizational advantage [J]. Academy of Management Review, 1998 (23): 242 – 266.

[113] PORTER M E. Competitive Strategy [M]. New York. The Free Press, 1980.

[114] BIAN Y J. Market transition and the persistence of power: the Changing stratification system in China [J]. American Sociological Review, 1996 (61): 739 – 758.

[115] GULATI R, NOHRIA N, Zaheer. Strategic networks [J]. Strategic Management Journal, 2000, 21 (3), 203 – 215.

[116] LIU C F, HOU G M. Mode Design for Enterprise Strategic Management based on Social Network Theory. International Conference on Management Science and Engineering [J]. Orient Academic Forum Special, 2004: 414 – 419.

[117] GRANT R M. A resource – based theory of competitive advantage: implications for strategy formulation [J]. California Management Review, 1991, 33 (3): 114 – 135.

[118] BARNEY J B. Firm resources and sustained competitive advantage [J]. Journal of Management, 1991, 17 (1): 99 – 120.

[119] HAFER C W, Schendel D. Strategy formulation: analytical concepts [M]. St. Paul. Mn West Publishing, 1978.

[120] DAS T K, TENG B S. A resource – based theory of strategic alliances [J]. Journal of Management, 2000, 26 (1): 31 – 61.

[121] MILLER D, SHAMSIE J. The resource – based view of the film in two environments: the hollywood file studio from 1936 to 1965 [J]. Academy of management Journal, 1996, 37 (1): 39.

[122] GULATI, RANJAY. Alliance and networks [J]. Strategic Management

Journal, 1998, 19 (4): 293 -317.

[123] DYER,JEFFREY H, Singh, Harbir. The relational view: cooperative strategy and sources of interorganizational competirive advantage [J]. Academy of Management Review, 1998, 23 (4): 660 -679.

[124] MAGNET M. The new golden rule of business [J]. Fortune, 1994 (21): 60 -64.

[125] WILLIAMSON O E. The Economic Institutions of Capitalism [M]. New York: Free Press, 1985.

[126] UZZI B. The sources and consequences of embeddedness for the economic performance of organizations: The network effect [J]. American Sociological Review, 1996, 61: 674 -698.

[127] POWELL W W. Learning from collaboration: knowledge and networks in the biotechnology and pharmaceutical industries [J]. California Management Review, 1998, 40 (3): 228 -240.

[128] DAMANPOUR F. Organizational innovation: a meta - analysis of effects of determinants and moderators [J]. Academy of Management Journal, 1991, 34 (3): 555 -590.

[129] DAMANPOUR F, EVAN W M. Organizational Innovation and Performance: The Problem of "Organizational Lag" [J]. Administrative Science Quarterly. 1984 (3): 392 -409.

[130] ZAHRA S A. et. al. Organizational Innovation: Its Correlates and its Implications for Financial Performance [J]. International Journal of Management. , 1988 (6): 133 -142.

[131] SUBRAMAIAN A, Nilakanta S. Organization Innovativess: Exploring the Relationship Between Organization Determinants of Innovation, Types of Innovations, and Measures of Organizational Performance

[J]. International Journal of Management Science, 1996, 24 (6): 631 – 647.

[132] LARSON A. Network dyads in entrepreneurial setting: A study of the governance of exchange processes [J]. Administrative Science Quarterly, 1992, 37: 76 – 104.

[133] POWELL W W, et. al. Interorganizational collaboration and the locus of innovation: Networks of learning in biotechnology [J]. Administrative Science Quarterly, 1996, 41: 116 – 145.

[134] BROWN J, COLLINS A, DUGUID P. Cognition and the Culture of Learning [J]. Educational Researcher, 1989, 18 (4): 10 – 12.

[135] COHEN W, LEVINTHAL D. Absorptive capacity: A new perspective on learning and innovation [J]. Administrative Science Quarterly, 1990 (35): 128 – 152.

[136] TUSHMAN M, ANDERSON P. Technological discontinuities and organizational environments [J]. Administrative Science Quarterly, 1986 (31): 439 – 465.

[137] GALASKIEWICZ, JOSEPH, AKBAR Z. Networks of competitive advantage [J]. Research in the Sociology of Organization, 1999 (16): 237 – 261.

[138] KHANNA T, GULATI R, NOHRIA N. The dynamics of learning alliances: Competition, cooperation and relative scope [J]. Strategic Management Journal, 1998 (19): 193 – 210.

[139] ADLER P S, KWON S. Social capital: Prospects for a new concept [J]. Academy of Management Review, 2002 (27): 17 – 40.

[140] SCHRADER, STEPHAN. Informal Technology Transfer Between Firms: Cooperation Through Information Trading [J]. Research

Policy, 1991 (20): 153-170.

[141] LIEBESKIND J, et al. Social networks, learning, flexibility: sourcing scientific knowledge in new biotechnology firms [J]. Organization Science, 1996, 7 (4): 428-443.

[142] GRANOVETTER M. The strength of weak ties [J]. American Journal of Sociology, 1973, 78 (6): 1360-80.

[143] NOHRIA N. Is a network perspective a useful way of studying organizationas? [M]//NITIN N, ROBERT G. Eccles, Networks and Organizations. Boston: Harvard Business School Press, 1992.

[144] SMITKA M. Competitive ties: Subcontracting in the Japaness automotive industry [M]. New York: Columbia University Press, 1991.

[145] NONAKA I, TAKEUCHI H. The knowledge creating company [M]. New York: Oxford University Press, 1995.

[146] DAVENPORT T H, Prusak L. Working knowledge: how organizations manage what they know [M]. Harvard Business School Press, 1998.

[147] SNOW C C, MILES R E, COLEMAN H J. Managing 21st century network organizations [J]. Organizational Dynamics, 1992, 20 (3): 5-20.

[148] MORAN P. Structual vs. Relational embeddedness: social capital and managerial performance [J]. Strategic Management Journal, 2005 (26): 1129-1151.

[149] HAGEL J, BROWN J S. Finding new sources of strategic advantage [EB/OL]. http://hbswk.hbs.edu/item.jhtml? id = 4778&t = strategy, May 2, 2005.

[150] ZAHEER A, BELL G G. Benefiting from network position: firm capabilities, structural holes, and performance [J]. Strategic

Management Journal, 2005 (26): 809 – 826.

[151] GULATI R. Network location and learning: The influence of network resources and firm capabilities on alliance formation [J]. Strategic Management Journal, 1999 (20): 397 – 420.

[152] CHENA H, CHEN T J. Asymmetric strategic alliances – A network view [J]. Journal of Business Research, 2002 (55): 1007 – 1013.

[153] HIPPEL V, ERIC. "Overview" and "Users as Innovators." [M]. Oxford University Press, 1988.

[154] DYER J. H. Specialized Supplier Networks as a Source of Competitive Advantage: Evidence From the Auto Industry [J]. Strategic Management Journal, 1996 (17): 271 – 92.

[155] NAHAPIET, JANINE, GHOSHAL, SUMANTRA. Social capital, intellectual capital, and theorganizational advantage [J]. Academy of Management Review, 1998 (23): 242 – 266.

[156] BRASS, DANIEL, BURKHARDT. Centrality and power in organizations [M]//NOHRIA N, ECCLES R G., Networks and Organizations. Boston: Harvard Business School Press, 1992.

[157] NAN L. Social networks and status attainment [J]. Annual Review of Sociology, 1999 (25): 467 – 87.

[158] BRIAN P H. Value development and learning organizations [J]. Journal of Knowledge Management, 2001 (5): 19 – 32.

[159] HOFER C W, SCHENDEL D. Strategy formulation: analytical concepts [M]. St. Paul: West, 1978.

[160] GOMES – CASSERES, BENJAMIN. The alliance revolution—the new shape of business Rivalry [M]. Cambridge: Harvard University Press, 1996.

[161] DYRE J H, SINGH H. The Relational View: cooperative strategy and sources of interorganizational competitive advantage [J]. Academy of Management Review, 1998, 23 (4): 660 – 679.

[162] LORENZONI, LIPPARINI. The leveraging of interfirm relationships as a distinctive organizational capability: a longitudinal study [J]. Strategic Management Journal, 1999, 20 (4): 317 – 338.

[163] EISENHARDT K M, MARTIN J A. Dynamic capabilities: What are they? [J]. Strategic Management Journal, 2000 (21): 1105 – 1121.

[164] WIKINSON I, et al. On cooperating firms, relations and networks [J]. Journal of Business Research, 2002 (55): 123 – 132.

[165] NONAKA I. A dynamic theory of organizational knowledge creation [J]. Organization Science, 1994 (5): 14 – 37.

[166] BURNS T, STALKER E. The management of innovation [M]. London: Tavistock, 1961.

[167] BURT R S. Structural Holes, The social Structure of competition [M]. Cambridge, MA: Harvard Univ. Press, 1992.

[168] UZZI B. Social structure and competition in inter – firm networks: the paradox of embeddedness [J]. Administrative Science Quarterly, 1997, (42): 35 – 67.

[169] NAHAPIET, GHOSHAL. Social capital, intellectual capital and the organizational advantage [J]. Academy of Management Review, 1998, 23 (2): 242 – 266.

[170] AVENI R A D, HYPER R A. competition: Managing the dynamics of strategic maneuvering [M]. New York: Free Press, 1994.

[171] ANDREWS K. The concept of corporate strategy [M]. Homewood, IL: Irwin, 1971.

[172] BAIN J S. Industrial Organization [M]. New York: Wiley, 1968.
[173] PENROSE E T. The theory of the growth of the firm [M]. Oxford: Oxford University Press, 1959.
[174] BARNEY J B. Firm resources and sustained competitive advantage [J]. Journal of Management, 1991, 17 (1): 99 – 120.
[175] PRAHALAD C K, HAMEL G. The core competence of the corporation [J]. Harvard Business Review, 1990, 68: 79 – 91.